Ricardo Mansur

Inteligência no Software

EDITORA CIÊNCIA MODERNA

Inteligência no Software

Editor: Paulo André P. Marques
Produção Editorial: Dilene Sandes Pessanha
Capa: Daniel Jara
Diagramação: Daniel Jara
Copidesque: Equipe Ciência Moderna

FICHA CATALOGRÁFICA

MANSUR, Ricardo.

Inteligência no Software

Rio de Janeiro: Editora Ciência Moderna Ltda., 2025.

1. Informática 2. Software
I — Título

ISBN: 978-65-5842-443-7 CDD 001.642

Editora Ciência Moderna Ltda.
R. Alice Figueiredo, 46 – Riachuelo
Rio de Janeiro, RJ – Brasil CEP: 20.950-150
Tel: (21) 2201-6662/ Fax: (21) 2201-6896
E-MAIL: LCM@LCM.COM.BR
WWW.LCM.COM.BR

02/25

Sobre o Autor

O autor escreveu mais de trinta livros sobre governança e negócios digitais. Nos últimos anos desenvolveu diversos trabalhos sobre a Transformação Digital e agilidade nos negócios.

Vários dos seus livros alcançaram grande repercussão nas comunidades de tecnologia e negócios.

O autor trabalha com vigor para compartilhar as suas descobertas sobre inteligência artificial, agilidade nos negócios, governança de TI, redes e mídias sociais, Business-Defined IT, Indústria 4.0, BlockChain e Organizações Exponenciais.

O autor pesquisou tanto a adoção da filosofia, agilidade nos negócios, quanto a transformação digital dos modelos de negócio para avaliar o "estado da arte" da inovação nas empresas.

A sua experiência em modelos de negócio foi desenvolvida nas atividades realizadas em empresas do agronegócio, tecnologia, consultoria etc.

O autor também tem larga experiência na consultoria e assessoria em: (i) desenvolvimento e implementação de novos modelos de negócio, (ii) estratégias de recursos humanos, (iii) práticas de comunicação e (iv) programas de educação continuada.

Participou como palestrante de diversos congressos e seminários sobre gestão estratégica, negócios habilitados pela tecnologia, digitalização de um negócio, estratégias de comunicação e programas de aprendizado continuado.

Dedicatória

Uma vez Shakespeare disse que a vida é tão curta que deveria ser feita só de momentos de prazer.

Dedico esta obra aos meus pais e amigos que possibilitaram os bons momentos da minha vida.

Agradecimentos

Agradeço aos meus pais e professores pelo empenho na educação formal e preparação para a vida, aos meus amigos que me ajudaram nesta caminhada e a Deus pela força de vontade para superar os desafios da vida.

Nota do Autor

Essa obra foi desenvolvida para ser um livro digital interativo com o leitor.

Com o uso do estratagema de combinar a conceituação das ideias com exemplos práticos de mercado.

O leitor pode navegar nas referências para entender como as ideias apresentadas são corroboradas pelo mercado.

É importante alertar ao leitor neste momento que todas as URLs (Uniform Resource Locator) citadas são de propriedade de terceiros e podem ser descontinuadas sem aviso prévio.

O autor reconhece que este risco é real, mas enfatiza que o leitor não perde conceituação alguma das ideias apresentadas com a descontinuação dos exemplos.

O objetivo da digitalização interativa é dar ao leitor a oportunidade de variar o conteúdo conforme o seu foco de interesse no momento específico da leitura.

Não existe necessidade alguma de navegar em todos os endereços citados.

As releituras do trabalho são mais interessantes por conta das variações de foco oferecidas pelas alternativas de interação.

Sumário

Sobre o Autor V
Dedicatória VII
Agradecimentos IX
Nota do Autor XI
Introdução 1
Definição do problema e valor agregado da solução 15
Suporte e atendimento ao cliente do software 19
Desenvolvedor humano ou inteligência artificial 33
Melhorar a experiência do cliente 39
Segurança digital e melhoria da experiência do cliente 45
Taxa de conversão 51
Expectativas dos usuários 73
Suporte Inteligente Centrado no Conhecimento 95
Mercado dos sistemas inteligentes 103
Fazer o básico 121
Construindo um modelo matemático 129
Futuro do Smart System 177
Referências Bibliográficas 217

Introdução

Parte 1

Conceitos, plataformas e aplicações da Inteligência Artificial (IA)

A inteligência artificial está presente no dia a dia das pessoas de muitas formas (ferramentas que respondem aos clientes por meio de um "chat", algoritmos complexos de aprendizado de máquina que preveem a trajetória de um sistema produtivo etc.).

Até o momento, IA não é uma máquina senciente que raciocina como um ser humano, ela é uma máquina que identifica padrões com um determinado foco (restrito) que complementa o raciocínio humano.

A IA é em outras palavras, uma ferramenta de reconhecimento de padrões que é executada em uma escala de análise muito além da capacidade humana (ela substitui os humanos em algumas atividades, mas não em todas).

Como a IA é um modelo matemático, ou seja, uma simplificação da realidade, ela produz resultados aceitáveis que nem sempre são perfeitos, ou seja, as pessoas devem ter a capacidade de intervir, de observar os dados e de raciocinar usando os resultados gerados pelo sistema inteligente.

É preciso reconhecer que a tecnologia de IA atual tem limites, no entanto, é importante também entender que ela é bastante poderosa.

Os processos complicados são simplificados pela capacidade da IA de identificar padrões e de fazer inferências com base nos padrões encontrados.

É fato reconhecido que a IA não é uma inteligência verdadeira e que ela pode ser tendenciosa em função dos dados usados no seu processo de treinamento.

A IA é útil para que as empresas e consumidores resolvam os problemas do mundo real, no entanto, é preciso entender que estamos longe de máquinas que podem realmente tomar decisões independentes ou gerar conclusões sem o processo de treinamento adequado. É importante destacar neste momento que em diversos casos a IA confirma os vieses humanos, em vez de eliminá-los.

A IA é um sistema projetado para modelar o comportamento e a inteligência humana através da combinação de um gigantesco conjunto de dados com algoritmos inteligentes.

Ela é capaz de analisar, entender, tomar decisões e fazer previsões sobre estados futuros. Para fazer previsões precisas, os sistemas inteligentes exigem grandes quantidades de dados para o seu processo de treinamento e aprendizado.

Os dados usados no processo de treinamento são capturados de várias fontes. Os algoritmos de IA processam, analisam e organizam os dados em um determinado formato.

É importante destacar neste momento que existe um grave problema com os dados usados no processo de treinamento que não está sendo abordado.

O gráfico *Frequency of dataset usage by country* (https://2022.internethealthreport.org/wp-content/themes/ihr-2022/library/datavis/dataset_sources.html, acessado em 13/05/2024) revela que a maioria dos dados utilizados no processo de treinamento são dados dos bancos de dados dos Estados Unidos.

Como as realidades dos países são diferentes, o uso intenso de dados dos Estados Unidos no processo de treinamento de uma IA, vai fazer com que ela tenha comportamento da sociedade dos Estados Unidos.

Em diversos casos, este cenário pode gerar graves distorções nos resultados da IA, caso a sociedade tenha comportamento muito diferente da sociedade dos Estados Unidos.

Os algoritmos são o cérebro dos sistemas inteligentes e eles são projetados para analisar e interpretar os dados, identificar padrões e fazer previsões ou tomar decisões.

A captura contínua de novos dados e a reciclagem dos modelos matemáticos permitem que os sistemas inteligentes se adaptem às mudanças e melhorem o seu desempenho.

Ramos da inteligência artificial

Computação cognitiva: Sistema inteligente que simula a inteligência humana e interage com os seres humanos de uma forma natural e intuitiva.

Redes neurais: Modelo computacional, inspirado na estrutura do cérebro humano, que pode processar e analisar grandes quantidades de dados para reconhecer padrões, fazer previsões ou classificar informações.

Processamento de linguagem natural: Ramo da IA que se concentra na interação entre computadores e linguagem humana, permitindo que as máquinas entendam, interpretem e gerem textos em linguagem humana.

Machine learning: Ramo da IA de desenvolvimento de algoritmos e modelos estatísticos que permitem que os sistemas inteligentes aprendam e melhorem com os dados sem a necessidade de programação.

Deep learning: Campo de aprendizado de máquina que imita o funcionamento das redes neurais do cérebro humano, usando várias camadas de redes artificiais para aprender e entender os padrões e as configurações dos dados.

Visão computacional: Ramo da IA que permite que as máquinas interpretem e entendam informações visuais de imagens ou vídeos.

Os recursos de reconhecimento de padrões da IA permitem o reconhecimento de imagens, a conversação em linguagem natural e o entendimento dos padrões de escrita dos seres humanos através das conexões feitas entre os diferentes tipos de dados.

A identificação das anomalias nos padrões permite a criação automatizada de estratégias e de previsões acuradas.

Os seres humanos têm grandes dificuldades na verificação de um grande volume de dados, por isto as máquinas inteligentes são mais efetivas na descoberta de padrões.

As máquinas inteligentes encontram os pontos fora da curva que contradizem os dados usados no processo de treinamento mais facilmente que os seres humanos.

É por isto que os melhores aplicativos de IA são fortemente focados e combinam o raciocínio humano com a capacidade do aprendizado de máquina.

Até pouco tempo atrás, as aplicações de IA estavam concentradas na análise financeira dos balanços e na percepção do consumidor no processo de atendimento.

Atualmente, os projetos de IA estão focados na experiência do cliente e na otimização de custos, pois os "bots" inteligentes são capazes de executar a maioria das atividades do atendimento ao cliente.

Os funcionários precisam cuidar apenas dos casos que exijam a intervenção humana.

O uso de sistemas inteligentes vem crescendo exponencialmente nos últimos anos, pois a automação reduziu sobremaneira a necessidade de trabalhadores humanos no atendimento ao cliente.

As corporações estão usando as aplicações inteligentes na análise de negócios e na análise prescritiva.

A análise de negócios é um conjunto de processos que modelam o estado atual de um negócio com o objetivo de prever onde ele estará se for mantida a trajetória atual do empreendimento e de modelar o potencial futuro da organização se ocorrer um determinado conjunto de mudanças.

A análise prescritiva busca encontrar o melhor resultado possível para o negócio, via ajuste do rumo atual da organização. Em diversos casos ela só é possível com a ajuda da inteligência artificial.

A análise analítica inteligente está em franca ascensão no mundo empresarial, no entanto, existem diversos usos da IA nas corporações.

Gerenciamento de dados: A IA categoriza os dados brutos e encontra relações entre eles que até então eram desconhecidas.

Relacionamento com o cliente: Os "chatbots" inteligentes conversam com os humanos graças ao processamento de linguagem natural e são na maioria dos casos a primeira linha de atendimento ao cliente.

Recrutamento e seleção: A IA agiliza o processo de recrutamento, pois ela seleciona mais rapidamente e de forma independente e sem viés (quando foi corretamente treinada) um número maior de candidatos adequados para a posição de um ser humano.

Detecção de fraudes: A IA é capaz de perceber melhor que os humanos as diferenças sutis e os comportamentos irregulares de fraude financeira.

Cibersegurança: A IA detecta melhor que os humanos os indicadores de invasões, de roubos de identidade, as tentativas de corromper a privacidade e outros problemas de segurança digital.

Saúde: Existem aplicativos inteligentes capazes de detectar o câncer e outras doenças antes dos médicos e podem fornecer retorno para o paciente com base nos registros e tendências de longo prazo.

Tendências de mercado: Os sistemas inteligentes podem ser treinados para prever as tendências dos mercados financeiros, criando assim uma vigorosa vantagem competitiva para a empresa.

Otimização do consumo de energia: Os sistemas inteligentes simplificam o uso de energia nos edifícios, cidades etc. e fazem previsões acuradas para o planejamento do uso do petróleo, gás etc.

Marketing: Os sistemas inteligentes podem ser treinados para personalizar a comunicação das empresas com os indivíduos economizando dinheiro e gerando melhores resultados que as campanhas tradicionais de marketing.

Tipos de IA

IA Fraca

A IA fraca também conhecida como IA restrita executa funções específicas, e ela é focada em um único domínio e opera dentro de limites predefinidos.

A IA restrita não pode fazer nada além do que está programada para fazer (tem gama limitada de competências). Um exemplo de IA fraca são os assistentes virtuais (Siri, Alexa etc.). Estes assistentes não executam tarefas fora do seu domínio.

IA Forte

A IA forte também conhecida como IA geral é um sistema inteligente que é capaz de entender, aprender e executar diversas tarefas. A IA forte consegue se adaptar a vários cenários e resolve problemas de forma criativa.

A IA geral é um objetivo de longo prazo dos pesquisadores, pois atualmente os desenvolvedores estão focados na criação de sistemas inteligentes restritos de reconhecimento de imagem, processamento de linguagem natural etc.

IA superinteligente

Esse tipo de IA supera a inteligência humana em diversos aspectos, ele supera os humanos em tarefas cognitivas e na capacidade de melhorar a si mesmo (aumento exponencial da inteligência).

A IA superinteligente é ainda uma construção teórica e ela é um tema de interesse e preocupação dentro da governança da IA.

Máquinas reativas

Os sistemas inteligentes reativos respondem automaticamente a um conjunto ou combinação limitada de entradas e operam com base nas entradas do momento.

Os sistemas inteligentes reativos não armazenam o que aconteceu no passado e não aprendem com as interações anteriores. Estes sistemas reagem à situação atual ou ao estímulo (por exemplo, alguns sistemas inteligentes de recomendação).

Memória limitada

Os sistemas inteligentes com memória limitada podem armazenar e recuperar informações de experiências anteriores para tomar melhores decisões.

Eles aprendem com as experiências anteriores e usam os dados para melhorar as suas ações futuras (por exemplo, equipamentos autônomos que usam os dados históricos para tomar melhores decisões).

Teoria da mente

A teoria da mente é a capacidade de entender as intenções, crenças e estados mentais das outras pessoas. Alguns pesquisadores acreditam que no futuro, os sistemas inteligentes serão capazes de atribuir pensamentos, emoções e intenções a outras "entidades" e prever o seu comportamento.

Autoconsciência

Este sistema inteligente tem consciência e compreensão de sua própria existência semelhante aos seres humanos, ou seja, eles têm noção da sua existência, consciência e estado interno (possuem habilidades autorreflexivas e estão conscientes dos seus pensamentos, ações e impactos). Atualmente a IA autoconsciente é um conceito especulativo e está além da capacidade existente da tecnologia.

IA generativa

Os sistemas de IA generativa são capazes de criar conteúdo (imagem, vídeo, música, texto etc.), similar ao conteúdo gerado pelo ser humano.

Estes sistemas inteligentes podem gerar saídas de forma autônoma com base nos padrões e estilos aprendidos.

As redes generativas adversárias são um exemplo de IA generativa (uma rede gera conteúdo e outra rede avalia e fornece retorno para melhorar a qualidade da saída gerada).

Os sistemas inteligentes generativos são capazes de: (i) usar as redes neurais para transformar fotos em estilos artísticos de artistas famosos, (ii) criar imagens e vídeos, (iii) modificar as imagens e (iv) gerar texto semelhante ao ser humano com base em uma linha de comando.

Plataformas

AWS

O AWS Machine Learning oferece uma grande variedade de serviços executados na nuvem (serviços de IA, estruturas pré-construídas, ferramentas de análise etc.).

Existem aplicações de análise inteligente do negócio que permitem que as corporações analisem diversos cenários sem a necessidade de escrever códigos.

A AWS oferece algoritmos de IA pré-criados, treinamento com um clique de aprendizado de máquina e ferramentas de treinamento para desenvolvedores que estão trabalhando com a inteligência artificial.

Google

O Google Nuvem oferece soluções inteligentes semelhantes à AWS (soluções de IA pré-construídas para que as organizações conectem os sistemas com o mínimo de trabalho).

O Google Nuvem oferece também uma biblioteca de aprendizado de máquina em código aberto.

Microsoft

A plataforma de inteligência artificial da Microsoft oferece serviços pré-gerados, infraestrutura de computação em nuvem pronta para implantar e diversas ferramentas inteligentes que podem ser conectadas com os sistemas existentes.

Ela também oferece diversos aplicativos inteligentes que os desenvolvedores podem alterar.

A Microsoft oferece trilhas educacionais específicas para o desenvolvimento de aplicativos inteligentes de negócios.

OpenAI

A empresa oferece uma grande variedade de modelos de IA generativa de texto e imagem.

Os modelos personalizados são apropriados para as organizações com um grande conjunto de dados proprietários e eles podem ser acessados por meio de uma API.

Também é oferecido um painel de controle para comparar a qualidade e o desempenho dos diversos modelos, das atualizações de qualidade e das integrações.

Watson

O Watson é a versão da IBM do aprendizado máquina hospedado na nuvem e dos sistemas inteligentes de análise de negócios.

A IBM oferece servidores personalizados para as tarefas de inteligência artificial para as empresas que não querem depender da hospedagem em nuvem.

O IBM "AI OpenScale! é uma plataforma inteligente que pode ser integrada com os outros serviços de hospedagem em nuvem (permite integração de diversos fornecedores).

A habilidade mais crítica necessária para usar os sistemas inteligentes é saber quando desconsiderar os resultados gerados pelos sistemas inteligentes.

Atualmente, existem diversos problemas que podem ser resolvidos com uma análise de regressão simples ou testes se/então (recomendo a leitura do capítulo "Construindo um modelo matemático"), ou seja, em diversos casos a IA é apenas matemática básica e bom senso.

As atividades mais complexas da ciência de dados e orientadas a IA são divididas em duas categorias. A primeira destina-se ao consumo humano e a segunda destina-se ao consumo da máquina.

No caso do consumo da máquina, a inteligência artificial usa modelos digitais complexos que aplicam modelos de aprendizado de máquina e algoritmos de IA em um conjunto gigantesco de dados.

Esses sistemas inteligentes atuam de forma autônoma para gerar um conteúdo específico ou uma experiência do cliente ou para negociar ações e outros ativos em tempo real.

O desenvolvimento e treinamento de sistemas inteligentes que façam boas previsões no modo consumo de máquina exigem a contratação de profissionais com conhecimentos fortes e robustos de matemática e estatística e com fluência na construção de modelos computacionais.

O desenvolvimento e treinamento de sistemas inteligentes no modo consumo humano exigem a contratação de profissionais com habilidades de contador de histórias.

Neste caso, o papel da inteligência humana é encontrar soluções para que os dados gerem histórias claras. Os contadores inteligentes de histórias de IA usam a visualização dos dados para facilitar a exploração e as percepções sobre os dados.

Em diversos casos, a matemática mais sofisticada usada pelo sistema inteligente é a análise de potência e os testes de significância.

Nestes casos, os sistemas inteligentes geram sentenças de consultas ao banco de dados para obter dados, fazem contas básicas com os dados, geram gráficos e explicam os resultados obtidos.

Estes sistemas inteligentes são extremamente úteis para gerar percepções práticas para o negócio a partir da análise de dados complexos.

As habilidades necessárias dos profissionais para desenvolver e treinar uma inteligência artificial também estão relacionadas com as necessidades do negócio e da plataforma que está sendo usada (muitas plataformas suportam todas as linguagens de programação de IA, mas isto não é uma regra geral).

Como o suporte de todas as linguagens de programação não é uma regra geral para as plataformas, é preciso treinar os profissionais nas especificidades da plataforma contratada e nas linguagens de programação necessárias para desenvolver as ferramentas de IA.

Para começar a usar um sistema inteligente no negócio é preciso ir além de contratar um provedor de plataforma de IA e usar os modelos e algoritmos pré-construídos.

O uso de um sistema inteligente no negócio é uma iniciativa de transformação digital, por isso é preciso: (i) determinar o objetivo da IA (descubra como a IA pode ser usada na sua organização e para qual finalidade, pois uma implementação restrita com objetivo específico permite melhor alocação dos recursos), (ii) identificar o que precisa acontecer para conquistar o objetivo (depois de identificar onde quer chegar é preciso descobrir onde estamos e como fazer a jornada através da classificação dos dados existentes, da captura de novos dados, da contratação dos talentos etc.), (iii) criar um time de trabalho com o objetivo bem identificado e com um plano robusto (seleção de recursos humanos qualificados capazes de fazer o plano acontecer e criação de um programa de treinamento para o time), (iv) selecionar uma plataforma de IA (podem existir plataformas mais adequadas para o projeto específico, no entanto, em geral, todas as plataformas oferecem recursos semelhantes. O time do projeto deve

gerar as recomendações sobre qual plataforma deve ser escolhida), (v) implementar o sistema inteligente (começar a execução das atividades de treinar as máquinas inteligentes, testar os subconjuntos de dados e ajustar os parâmetros dos algoritmos e modelos).

É muito importante destacar neste momento, que a preparação dos dados consome muito mais recursos que a criação de algoritmos.

Parte 2

A inteligência artificial (IA) é uma tecnologia que a indústria de software está usando para desenvolver soluções inovadoras, eficientes e personalizadas para os seus clientes.

A IA pode ser aplicada na análise de dados, no reconhecimento de voz e imagem, na automação de processos, na otimização de recursos etc.

A inteligência artificial está também sendo utilizada para melhorar tanto a qualidade, quanto a segurança, quanto a produtividade do trabalho realizado pelos desenvolvedores de software.

As ferramentas inteligentes ajudam na codificação, na depuração, no teste e na manutenção dos sistemas, ou seja, elas são um diferencial competitivo para as empresas de desenvolvimento de software que buscam aumentar o valor adicionado para os seus clientes.

A inteligência artificial está permitindo que as empresas desenvolvedoras de software criem soluções mais inovadoras, eficientes e personalizadas para os seus clientes (análise inteligente de dados, reconhecimento de voz e imagem, automação de processos, otimização de recursos etc.).

Neste momento a IA é um fator de competitividade e de valorização para as empresas de software que querem se diferenciar no mercado e atender as necessidades e demandas dos seus clientes em prazo curto.

A inteligência artificial é uma tecnologia que simula o raciocínio humano e é capaz de aprender com os dados, por isso ela oferece flexibilidade, adaptabilidade e simplificação da complexidade.

A inteligência artificial permite que os computadores dos desenvolvedores realizem tarefas que até agora eram efetuadas apenas pelos humanos, ou seja, gerenciamento do objetivo da empreitada, do escopo do projeto, dos dados utilizados, dos algoritmos criados, das ferramentas de suporte e apoio, dos recursos, dos custos, dos riscos e das implicações éticas.

O processo de desenvolvimento de um software passa pelas etapas de planejamento, análise, "design", implementação, teste e implantação e a IA é capaz de agregar valor em cada uma destas etapas.

A IA pode ser utilizada na definição do problema e no dimensionamento do valor agregado pela solução, pois ela facilita a escolha dos dados e algoritmos mais adequados para o caso em questão.

A inteligência artificial também pode ser utilizada para selecionar as ferramentas e as plataformas mais apropriadas para o projeto, permitindo a otimização do gerenciamento dos recursos e custos.

A IA é capaz de encontrar caminhos para mitigar tanto os riscos do projeto, quanto as questões éticas relacionadas com a solução em desenvolvimento.

É possível testar e implantar o software nos clientes usando uma ferramenta inteligente de configuração do ambiente operacional e de implementação dos recursos.

Definição do problema e valor agregado da solução

A inteligência artificial ajuda tanto na identificação do problema que precisa ser resolvido, quanto no dimensionamento do valor agregado para os clientes.

É possível definir claramente qual é o resultado esperado, quais são os indicadores de sucesso e quais são as restrições e os requisitos do projeto.

A IA ajuda também na pesquisa de mercado para avaliar a demanda, a concorrência e as oportunidades da solução de software.

A inteligência artificial pode usar na pesquisa de avaliação da demanda as técnicas de análise SWOT (Strengths, Weaknesses, Opportunities e Threats), matriz BCG (Boston Consulting Group), pesquisa de satisfação do cliente etc.

1. Escolha dos dados e algoritmos adequados:

A inteligência artificial ajuda na seleção dos dados e algoritmos que melhor se adequam ao endereçamento do problema e objetivos do projeto.

A IA reduz o tempo de coleta, limpeza, rotulação e análise dos dados usados nos testes e implantação do software.

A ferramenta inteligente permite a escolha do tipo de algoritmo (supervisionado, não supervisionado ou por reforço) e da técnica de aprendizado de máquina (regressão, classificação, clusterização etc.) que serão utilizados nos dados dos testes e implantação do software.

É possível customizar a qualidade, a quantidade, a diversidade e a representatividade dos dados e dos algoritmos utilizados nos testes e na implantação da solução.

A IA pode usar ferramentas como Pandas (biblioteca de software criada para a linguagem Python para manipulação e análise de dados), scikit-learn (Machine Learning in Python) ou TensorFlow na avaliação dos dados (end-to-end open source platform for machine learning) e algoritmos.

2. Seleção das ferramentas e plataformas mais apropriadas para o projeto:

A IA ajuda na seleção das ferramentas e plataformas usadas no desenvolvimento, integração e implantação do software, levando em conta a linguagem de programação, o framework, a biblioteca de rotinas, o ambiente de desenvolvimento, o sistema operacional, o banco de dados, o servidor, a nuvem e a interface do usuário.

A inteligência artificial avalia a compatibilidade, escalabilidade, confiabilidade e segurança das ferramentas e plataformas disponíveis no mercado (por exemplo, Python, Django, PyTorch, Visual Studio Code, Linux, MySQL, Apache Tomcat, AWS, Bootstrap etc.).

3. Gerenciamento dos recursos e custos:

A IA ajuda no planejamento e controle dos recursos e custos do desenvolvimento do software, ou seja, ela facilita a estimação do prazo, do investimento, dos recursos humanos, dos recursos tecnológicos e dos outros recursos que serão necessários para o desenvolvimento do projeto.

A inteligência artificial também ajuda na monitoração e avaliação em tempo real do desempenho, progresso e resultados do projeto e dos membros da equipe para maximizar o uso dos recursos e minimizar os custos sem comprometer a qualidade e eficácia da solução em desenvolvimento.

Podem ser utilizados na monitoração e avaliação do desempenho do projeto do software, os métodos de análise custo-benefício, retorno sobre investimento, diagrama de Gantt (que relaciona trabalhos concluídos em um certo tempo, com o tempo reservado para eles) etc.

4. Caminhos para mitigar os riscos e questões éticas:

A IA ajuda na identificação e prevenção dos riscos e das questões éticas na implementação do software, ou seja, ela identifica e avalia os diversos aspectos relacionados com a privacidade, segurança, confiabilidade, transparência, explicabilidade, responsabilidade, equidade e a inclusão.

A inteligência artificial é capaz de identificar e gerar alertas e avisos para os desenvolvedores sobre: (i) regras legais e (ii) regulamentos vigentes no local da empresa e do cliente.

Em outras palavras, ela facilita a adoção de princípios éticos e melhores práticas gerando assim adequação e benefícios para os clientes (a IA pode usar na adoção dos princípios éticos e melhores práticas as diretrizes da Organização para a Cooperação e Desenvolvimento Econômico ou União Europeia etc.).

5. Teste e implantação do software:

As ferramentas inteligentes permitem que os testes e implantação do software ocorram com eficiência e efetividade (pode ser teste unitário, teste de caixa preta, teste de aceitação do usuário, teste de carga, teste de penetração etc.), ou seja, a realização dos testes de validação, de verificação, de integração, de funcionalidade, de usabilidade, de desempenho e de segurança é feita no ambiente de teste.

A passagem do ambiente de testes para o operacional é feita com a monitoração de todos os eventos e com a correção dos eventuais erros, falhas ou bugs ocorridos na produção.

A IA analisa as informações coletadas dos logs e das avaliações dos clientes e gera relatórios para que o desenvolvimento evolua o software em um ciclo de melhoria contínua.

Suporte e atendimento ao cliente do software

A inteligência artificial pode ser usada para criar "chatbots" e assistentes virtuais que respondam às dúvidas e solicitações dos clientes de forma rápida, eficiente e personalizada usando linguagem natural.

O sistema inteligente analisa os dados dos clientes e do software para: (i) identificar os problemas, falhas e "bugs"; (ii) oferecer sugestões de melhoria e oportunidades de negócio; (iii) enviar notificações, alertas e recomendações aos clientes sobre o uso do software, sobre as atualizações disponíveis, sobre as novidades e promoções; (iv) monitorar a satisfação e o "feedback" dos clientes (relatórios e "insights" que aprimoram o produto e o serviço; (v) integrar o sistema com outras plataformas e ferramentas para facilitar a comunicação, colaboração e gestão dos clientes etc.

Para tal, é preciso definir tanto os objetivos, quanto as metas e indicadores de desempenho, ou seja, é preciso escolher as soluções de IA mais adequadas para o tipo de demanda e cliente, considerando o custo e o benefício, a segurança, a escalabilidade e a compatibilidade.

É preciso treinar e testar os modelos de inteligência artificial com dados reais e relevantes para garantir a qualidade, a precisão e a confiabilidade das respostas.

O fabricante do software deve tanto implementar e monitorar os resultados das soluções de IA, quanto fazer ajustes e melhorias conforme o necessário, quanto avaliar o impacto do assistente inteligente na satisfação, na fidelização e na retenção dos clientes

As empresas usuárias de tecnologia estão usando os sistemas inteligentes para aumentar a sua receita e o seu nível de competitividade.

"chatbots"

São robôs que conversam com os clientes por meio de mensagens de texto ou voz, simulando um atendente humano.

Eles podem tanto responder as dúvidas mais frequentes, quanto fornecer informações sobre o software, quanto resolver problemas simples de configuração do software, quanto encaminhar o cliente para um especialista humano.

Os "chatbots" podem funcionar 24 horas por dia, 7 dias por semana, 365 dias por ano, atendendo vários clientes simultaneamente e reduzindo o tempo de espera dos clientes.

Para criar um "chatbot' é preciso: (i) definir o objetivo e o público-alvo (finalidade do assistente, perfil do cliente que ele vai atender, necessidades e expectativas do cliente); (ii) escolher a plataforma e a ferramenta de desenvolvimento do assistente (por exemplo, Dialogflow, IBM Watson Assistant, Microsoft Bot Framework, Amazon Lex etc.) e (iii) desenhar o fluxo de conversa (perguntas e respostas, regras e condições para as interações etc.).

Para criar um "chatbot" é preciso tanto testar e avaliar o assistente (teste em diferentes cenários e situações para verificar se ele funciona corretamente, se ele entende as intenções dos clientes e se ele oferece as respostas adequadas), quanto usar as avaliações do nível de satisfação dos clientes com o "bot" para melhorar e atualizar o assistente virtual ("feedbacks" e métricas de desempenho).

Em outras palavras, é preciso monitorar o funcionamento do robô, avaliar o impacto do "chatbot" nos clientes e identificar as falhas, erros e oportunidades de melhoria.

O desenvolvedor deve atualizar o assistente inteligente sempre que ocorrerem mudanças tanto no mercado, quanto nas necessidades e desejos dos clientes.

Os "chatbots" são uma forma eficaz de usar a inteligência artificial para facilitar o suporte e o atendimento ao cliente de um software, para gerar benefícios para os clientes e desenvolvedores (aumento da satisfação, fidelização e competitividade).

A principal diferença entre "chatbots" e assistentes inteligentes é que os primeiros são mais simples e limitados e os segundos são mais complexos e sofisticados.

Os "chatbots" seguem um fluxo de conversa predefinido, baseado em regras e palavras-chave, e só podem responder perguntas específicas e padronizadas.

Os assistentes inteligentes usam as técnicas de aprendizado de máquina e processamento de linguagem natural, para entender as interações e contexto dos clientes, e para responder perguntas variadas e personalizadas.

Alguns exemplos de "chatbots" são o serviço inteligente de atendimento ao consumidor dos bancos que responde as questões sobre saldo, extrato e transferências, os robôs usados pelas escolas esclarecem as dúvidas sobre os cursos e carreiras, os "bots" usados pelas redes de fastfood que permitem que os clientes façam os seus pedidos.

Alguns exemplos de assistentes virtuais são a Siri da Apple (realiza as tarefas no iPhone de ligar para uma pessoa, enviar mensagens, tocar músicas etc.), a Alexa da Amazon que pode controlar dispositivos inteligentes na casa (lâmpadas, câmeras, termostatos, sistema de defesa contra assaltos e outros ataques etc.), o Google Assistant (pesquisa informações na internet, faz reservas em restaurantes, compra passagens e ingressos.) etc.

Análise de sentimentos

Identificação do humor e satisfação dos clientes com base nas suas expressões faciais, gestos, voz ou texto. A análise ajuda tanto na personalização do atendimento, quanto na oferta de soluções mais adequadas às necessidades e expectativas dos clientes, quanto na detecção antecipada das insatisfações e reclamações.

Aprendizado de máquina

O assistente é um sistema inteligente que aprende com os dados e se adapta às mudanças para melhorar o desempenho, a segurança e a usabilidade do produto e para oferecer recomendações e sugestões para os clientes com base no seu histórico e no seu perfil de uso.

Processamento de linguagem natural

O assistente inteligente entende e se comunica em linguagem natural humana escrita ou falada para facilitar a comunicação entre os clientes e o sistema (comandos de voz ou texto em linguagem natural).

Análise Preditiva

A análise preditiva é uma técnica que utiliza algoritmos, dados e modelos para prever um comportamento futuro com base nos padrões históricos e atuais.

A análise preditiva pode ser aplicada nos negócios, na indústria da saúde, na educação, na segurança digital etc. para identificar as tendências, os eventos, as oportunidades e os riscos que podem afetar o desempenho, a qualidade, a segurança e a confiabilidade de um sistema.

A análise preditiva permite uma tomada de decisão mais assertiva, proativa e eficiente, pois ela fornece informações relevantes e confiáveis sobre o futuro.

A análise preditiva pode ser realizada por meio da estatística, do aprendizado de máquina, da mineração de dados, da inteligência artificial etc.

Os métodos podem combinar diferentes tipos de dados (numéricos, textuais, visuais, temporais, espaciais etc.) e os dados podem ser coletados de bancos de dados, de sensores, de redes sociais etc.

Como a inteligência artificial é um sistema capaz de reconhecer os padrões, de aprender, de raciocinar e de resolver problemas, o uso do aprendizado de máquina na análise preditiva permite a criação de um sistema capaz de aprender com os dados e experiências.

O uso do aprendizado de máquina é uma ferramenta poderosa na análise preditiva de um software, pois ele é capaz de estimar o comportamento, o desempenho e os resultados de um sistema a partir dos dados históricos e atuais.

Para usar o aprendizado de máquina na análise preditiva de um software é preciso definir o problema a ser resolvido (pode ser um objetivo), coletar dados relevantes, escolher um modelo de aprendizado de máquina, avaliar o modelo de aprendizado de máquina e implantar e monitorar o modelo de aprendizado de máquina.

É preciso também escolher a técnica de aprendizado de máquina mais adequada para resolver o problema ou para alcançar o objetivo (regressão, classificação, agrupamento, redes neurais, árvores de decisão etc.).

Cada técnica tem vantagens e desvantagens e exige diferentes tipos de dados, algoritmos e parâmetros.

As bibliotecas e "frameworks" de aprendizado de máquina, como TensorFlow, PyTorch, Scikit-learn etc. facilitam o desenvolvimento, a implantação e o uso do aprendizado de máquina na análise preditiva.

A inteligência artificial na análise preditiva na manutenção de um software é uma técnica que utiliza dados históricos e algoritmos de aprendizado de máquina para prever falhas, erros ou defeitos antes que eles ocorram.

Essa abordagem permite que os desenvolvedores e gestores planejem e executem ações preventivas ou corretivas, reduzindo custos, tempo de inatividade e riscos para os usuários finais.

A inteligência artificial na análise preditiva da manutenção de um software pode ser aplicada em diferentes fases do ciclo de vida (planejamento, desenvolvimento, teste, implantação e operação).

Alguns exemplos de aplicações da inteligência artificial na análise preditiva na manutenção de um software são: identificação dos componentes críticos que podem falhar, estimativa do tempo de vida útil do software, otimização do uso de recursos, detecção de anomalias ou comportamentos suspeitos, recomendação de atualizações ou melhorias etc.

O aprendizado de máquina na manutenção do software permite que o sistema aprenda com os dados e se adapte às mudanças. Exemplos do uso do aprendizado de máquina por um software:

Detecção de fraudes

O aprendizado de máquina pode ser usado para analisar padrões das transações e identificar as atividades suspeitas ou anormais que podem indicar fraudes.

Por exemplo, um software de gestão financeira pode usar algoritmos de aprendizado de máquina para detectar transações com valores muito altos, origens desconhecidas ou destinos incomuns e alertar os usuários ou bloquear as operações.

Filtro de spam

O aprendizado de máquina pode ser usado para classificar mensagens de e-mail como spam ou não spam, com base no remetente, no assunto, no conteúdo e nos anexos.

Por exemplo, o software de e-mail pode usar algoritmos de aprendizado de máquina para aprender com os "feedbacks" dos usuários sobre quais mensagens são indesejadas ou maliciosas e filtrá-las automaticamente.

Detecção de malware

O aprendizado de máquina pode ser usado para detectar e prevenir ataques de malware (programas maliciosos usados para danificar ou roubar dados).

Por exemplo, o software de segurança pode usar um algoritmo de aprendizado de máquina para analisar o comportamento dos arquivos executáveis e identificar sinais de infecção ou invasão.

Previsão de falhas

O aprendizado de máquina pode ser usado para prever falhas, erros ou defeitos em um software antes que eles ocorram, com base nos dados históricos e indicadores de desempenho.

Por exemplo, o software de gestão da manutenção da infraestrutura fabril, pode usar um algoritmo de aprendizado de máquina para estimar o tempo de vida útil dos equipamentos, otimizar o uso dos recursos, recomendar atualizações ou melhorias e planejar ações preventivas ou corretivas.

O processo de manutenção é uma atividade que garante o bom funcionamento de um sistema, ao mesmo tempo em que assegura a qualidade, a segurança e a confiabilidade das entregas (em alguns casos, estamos falando de atividades complexas, demoradas e custosas).

O uso da inteligência artificial na análise preditiva, ajuda na manutenção, ao oferecer estimativas que antecipam o comportamento futuro do sistema com base nos padrões do histórico.

As análises ajudam na detecção e prevenção dos problemas no software (falhas, erros, "bugs", vulnerabilidades e riscos) antes que eles se tornem críticos ou caros de resolver.

A manutenção inteligente permite ações proativas, preventivas e eficazes e diminui o tempo de indisponibilidade, o custo operacional e os danos para os usuários e clientes.

A IA ajuda os gestores na tomada de decisões estratégicas sobre o ciclo de vida de um software (atualizações, migrações, integrações e descontinuações).

Em outras palavras, a IA é uma ferramenta valiosa para melhorar a qualidade, o desempenho, a segurança e a confiabilidade do software e a capacidade competitiva e inovadora da empresa desenvolvedora do sistema.

O principal colateral deste estratagema é o aumento do nível de satisfação de todos os influenciadores envolvidos no ciclo de vida do software.

A análise preditiva inteligente do aprendizado de máquina usa algoritmos, dados e modelos para prever o comportamento futuro do sistema e gera os seguintes benefícios:

- Melhoria da qualidade do software pela identificação e correção das falhas, erros, "bugs" e vulnerabilidades antes que eles afetem o funcionamento, a segurança e a confiabilidade do sistema.

- Redução do tempo de indisponibilidade do software, pela eliminação de interrupções, lentidões e travamentos causados por problemas técnicos ou operacionais.

- Redução dos custos operacionais da manutenção do software pela otimização do uso dos recursos (tempo, mão de obra, equipamentos e energia).

- Aumento do nível de satisfação dos usuários e clientes do software, pela entrega de um serviço mais rápido, estável, seguro e confiável.

- Melhor tomada de decisões sobre o ciclo de vida do software, pelas informações sobre o desempenho, demanda, riscos e oportunidades de melhoria.

- Melhoria da competitividade e inovação, pela implementação mais ágil e eficiente de novas funcionalidades, atualizações, migrações, integrações e descontinuações.

A análise preditiva inteligente deve ser usada na manutenção de um software quando:

- O software é complexo, dinâmico e depende de vários fatores externos, como dados de entrada, interações com outros sistemas ou usuários, condições ambientais etc.
- O software tem um alto custo de falha, seja em termos financeiros, operacionais, reputacionais ou legais.
- O software tem um ciclo de vida longo e requer atualizações frequentes ou contínuas para se adaptar às mudanças na demanda, nas regulamentações ou nas tecnologias.
- O software gera uma grande quantidade de dados que podem ser usados para treinar e validar os modelos de IA.
- O software tem uma equipe de manutenção qualificada e experiente que pode interpretar os resultados da análise preditiva da IA e implementar as ações necessárias.

Retorno de Investimento (ROI) do uso da IA no desenvolvimento de um software:

A análise do custo do desenvolvimento de um software revela que a mão de obra é o principal componente da sua estrutura de custo.

Em termos práticos, os gestores de uma empresa desenvolvedora de software comparam o custo do desenvolvimento feito por programadores humanos e pela inteligência artificial.

Se o custo total (salários mais encargos, tempo gasto para as entregas, previsibilidade da qualidade das entregas, quantidade de horas trabalhadas por mês, nível de efetividade das respostas etc.) dos programadores humanos for maior que a Inteligência Artificial então é possível que os executivos escolham a IA e neste caso o retorno do investimento ocorrerá na dimensão de um software desenvolvido por uma IA em relação à dimensão do mesmo software desenvolvido por programadores humanos, pois a receita gerada é a mesma nos dois casos.

Para medir o retorno de investimento em IA no desenvolvimento de um software é preciso definir um conjunto de indicadores balanceados e de metodologias para avaliar o impacto da inteligência artificial nos custos.

O ROI do desenvolvimento de um software é a relação entre o valor gerado e o valor investido para desenvolver e implementar a solução, em outras palavras, o ROI é calculado usando a seguinte fórmula:

ROI = (Benefício - Custo) / Custo

O benefício é o valor da receita interna ou externa gerada pela utilização do software (aumento da receita, redução de custos, melhoria na qualidade, aumento do nível de satisfação do cliente etc.).

O custo é o valor que a empresa gasta para desenvolver e implementar a solução (recursos humanos, materiais, tecnologias etc.).

Por exemplo, se uma empresa investe R$ 200 mil para desenvolver e implementar uma solução que permite automatizar os processos e aumentar a produtividade em 10%, gerando uma economia de R$ 400 mil por ano, o ROI do software será:

ROI = (400.000,00 - 200.000,00) / 200.000,00

ROI = 1,0

Isso significa que a empresa tem um retorno de 100% sobre o investimento no software, ou seja, para cada R$ 1,00 investido, ela recebe de volta o real investido e lucra R$ 1,00.

O cálculo do ROI de um software na prática é um gigantesco desafio para diversas empresas, pois existem diversos fatores que influenciam o cálculo do benefício. Para calcular o ROI de um software é preciso realizar no mínimo as seguintes ações.

Objetivos e expectativas:

Definir os objetivos e as expectativas para o software, ou seja, é preciso ter clareza sobre o que será alcançado com o uso da tecnologia (problemas que serão resolvidos, oportunidades que serão exploradas, ameaças e fragilidades que serão eliminadas ou mitigadas).

Para tal, é preciso definir um conjunto de indicadores balanceados que serão usados para medir o sucesso ou fracasso do projeto e o valor gerado pela solução.

Estimar os custos e benefícios:

Estimar os custos e os benefícios do software, ou seja, prever com precisão os custos e os benefícios envolvidos no desenvolvimento do software, considerando todos os recursos necessários para desenvolver e implementar a solução e os ganhos potenciais que serão gerados por ela.

Em geral, o valor do benefício de longo prazo é difícil de estimar ou mensurar, pois o software apenas habilita os usuários para realizar negócios e gerar resultados.

Uma alternativa para não ficar preso na barreira de benefício intangível é o uso como métrica do ganho de produtividade no curto prazo dos usuários do software.

No caso da estimativa dos custos é preciso calcular o custo da mão de obra humana para o desenvolvimento do sistema e o custo do uso da inteligência artificial para o desenvolvimento do software.

Em diversas situações, no cálculo do ROI do software é adotado para o benefício, o ganho de produtividade esperado com o uso do software e para o custo o valor para desenvolver e implementar a solução ou o gasto com recursos humanos (desenvolvedores humanos), materiais, tecnologias etc. ou o gasto com inteligência artificial (desenvolvedores não humanos), materiais, tecnológicos etc.

A comparação entre o ROI do software desenvolvido por humanos e o mesmo software desenvolvido pela inteligência artificial permite o cálculo do ROI do uso da inteligência artificial no desenvolvimento de um software.

Se o ROI do uso da inteligência artificial no desenvolvimento de um software for maior que o ROI do mesmo software desenvolvido por humanos, isto significa que é vantagem usar a IA e valor agregado é a diferença entre os dois ROIs.

Acompanhar e avaliar o desempenho do projeto:

Um dos desafios mais complexos do desenvolvimento de um sistema é o acompanhamento e avaliação do desempenho do projeto ao longo do tempo (O projeto está alcançando os objetivos e o valor agregado esperado?).

Em outras palavras, é preciso monitorar constantemente os indicadores definidos e compará-los com as metas estabelecidas, considerando as ameaças, os riscos, os imprevistos que afetam o resultado do projeto (mudanças no mercado, na legislação, na concorrência etc.).

As melhores práticas para os processos de desenvolvimento de um software passam pela definição antes do início do projeto de: (i) escopo claro e realista sobre o que será feito (funcionalidades, facilidades e requisitos do software), (ii) público-alvo, (iii) mercado que será atendido, (iv) cronograma, (v) orçamento etc.

O objetivo das melhores práticas é evitar o desvio e o desperdício dos recursos e alinhar as expectativas de todos os envolvidos, ou seja, definições claras, realistas, robustas, precisas e ágeis.

As definições precisam ser flexíveis e ágeis, pois em diversos casos, a definição das funcionalidades, facilidades e requisitos é um processo interativo que é realizado ao longo do tempo.

As melhores práticas, também explicitam o que é preciso fazer antes de investir no desenvolvimento do software (análise de viabilidade e risco do projeto), ou seja, avaliação se a solução é adequada para resolver o problema ou para explorar a oportunidade.

É preciso saber se existe demanda e aceitação do mercado para solução e se existe competência e capacidade técnica para desenvolver e implementar o software.

É muito importante a identificação dos possíveis obstáculos internos e das ameaças externas que podem comprometer o sucesso do desenvolvimento do projeto.

Os indicadores usados no acompanhamento e monitoração do desenvolvimento do software e na análise de viabilidade precisam estar alinhados com os objetivos do negócio e refletir os benefícios esperados pela organização.

Em geral, as empresas desenvolvedoras de software usam os seguintes indicadores: taxa de conversão, nível de satisfação do cliente, redução de erros, aumento de produtividade, redução de custos etc.

As melhores práticas para o desenvolvimento de software sinalizam também para o aprendizado com os resultados e lições aprendidas, ou seja, após a conclusão do projeto deve ser feita uma análise crítica dos resultados e das lições aprendidas.

É preciso identificar os pontos fortes e fracos da solução desenvolvida e implementada, os acertos e os erros cometidos durante o processo e as oportunidades de melhoria e de inovação.

Estas atividades, ajudam tanto no aprimoramento das práticas e dos métodos utilizados para calcular o ROI de um software inteligente, quanto no processo de otimização do valor gerado pela tecnologia.

Desenvolvedor humano ou inteligência artificial

O custo do investimento para o desenvolvimento de um software é um dos principais fatores que influenciam a decisão de contratar um desenvolvedor humano ou uma inteligência artificial para realizar o projeto.

É preciso encontrar um ponto operacional que minimize o custo e garanta a qualidade do software. Em relação ao prazo de entrega, um dos principais benefícios de usar uma IA para desenvolver um software é a rapidez com que ela executa as tarefas.

A inteligência artificial analisa um gigantesco conjunto de dados em poucos segundos, para encontrar os respectivos padrões e com isso ela é capaz de gerar um código e testar a solução em um prazo bastante curto.

A IA consegue trabalhar 24 horas por dia, 7 dias da semana e 365 dias por ano sem se cansar e cometer erros por distrações ou doenças.

O desenvolvedor humano precisa de um prazo bem maior para entender o problema, pesquisar a solução, escrever o código, depurar os erros e validar os resultados.

O desenvolvedor humano fica cansado, se distrai, comete erros, fica doente, ou seja, ele introduz no processo riscos que podem atrasar a entrega do projeto.

A IA ainda tem limitações para lidar com problemas complexos ou que exigem criatividade, inovação ou senso crítico, ou seja, o atual estado da arte permite que a inteligência artificial siga as regras e padrões definidos, mas não permite que ela crie soluções novas ou consiga trabalhar em um cenário de elevada imprevisibilidade.

O desenvolvedor humano é capaz de pensar fora das definições e padrões e propor soluções originais e personalizadas para resolver os problemas que não foram previstos no escopo do projeto.

Tanto a IA cognitiva como o desenvolvedor humano podem interagir com o cliente para entender as suas necessidades e expectativas, e fazer ajustes no projeto conforme o "feedback" recebido.

O custo de manutenção após a entrega é um dos principais componentes do custo de desenvolvimento de um software.

A IA pode ser programada para atualizar o software automaticamente, corrigir bugs e melhorar o desempenho sem a intervenção humana, ou seja, ela é capaz de reduzir os custos de manutenção e aumentar o nível de satisfação dos clientes.

O desenvolvedor humano precisa: (i) acompanhar o software após a entrega, (ii) verificar se existem problemas ou reclamações dos usuários e (iii) fazer as correções necessárias.

Em geral, o processo de manutenção realizado por humanos tem custo de manutenção maior e consome mais tempo e recursos do que o processo realizado por uma inteligência artificial.

Um dos principais riscos do uso de uma IA no desenvolvimento de um software está relacionado com a segurança dos dados e do código.

A inteligência artificial pode ser vulnerável aos ataques cibernéticos, as invasões, as sabotagens ou as manipulações por parte dos malfeitores ou concorrentes.

Como problema adicional, as falhas no processo de treinamento da IA podem gerar códigos com funcionalidade comprometida ou com baixa qualidade.

O desenvolvedor humano é capaz de garantir a segurança dos dados e do código usando as tecnologias de criptografia, autenticação, "firewall" etc.

O desenvolvedor humano também é capaz de seguir as normas éticas e legais no desenvolvimento do software para proteger os direitos de imagem, intelectuais, autorais e a privacidade dos clientes e dos usuários.

Não existe no momento, uma resposta definitiva sobre a contratação de um desenvolvedor humano ou usar uma IA para o desenvolvimento de software.

Existem vantagens e desvantagens em cada uma das alternativas, por isto, a escolha do melhor modelo depende do tipo, do tamanho e do objetivo do projeto.

A IA é mais rápida, barata e eficiente nos projetos de desenvolvimento de software simples, rotineiros ou padronizados e o desenvolvedor humano é mais criativo, flexível e seguro nos projetos de desenvolvimento de softwares complexos, inovadores ou personalizados.

O atual momento da inteligência artificial sinaliza que o trabalho cooperado entre humanos e não humanos é a solução que otimiza o ROI, pois ela permite o aproveitamento do melhor de cada uma das opções.

A IA pode ser usada para auxiliar o desenvolvedor humano na execução das tarefas mais repetitivas ou tediosas, e o desenvolvedor humano pode supervisionar a inteligência artificial na resolução dos problemas mais desafiadores ou críticos.

Como calcular o retorno de investimento para incorporar uma inteligência artificial no software:

A inteligência artificial permite que os sistemas de software realizem tarefas de reconhecimento de voz, de análise de dados, de tomada de decisão etc.

A incorporação de uma IA no software pode trazer diversos benefícios, como aumento da produtividade, redução de custos, melhoria da qualidade etc.

ROI = (Ganho do investimento - Custo do investimento) / Custo do investimento

O ganho do investimento é o valor esperado pela incorporação da IA no software (aumento da receita, crescimento da produtividade, redução de despesas, otimização de processos etc.).

Neste estudo de caso, o custo do investimento é o valor estimado para incorporar a IA em um software (desenvolvimento, treinamento, manutenção, licenças etc.).

Para calcular o ganho do investimento, é preciso estimar os valores do aumento da receita, crescimento da produtividade, redução de despesas, otimização de processos com base nos dados históricos, nas projeções futuras, nas estimativas do mercado etc.

Também é preciso considerar o horizonte do ciclo de vida do investimento, ou seja, o período em que se espera obter os benefícios.

Exemplo de cálculo de ROI pela incorporação de uma IA no software:

Uma empresa de software decidiu incorporar uma IA para automatizar o atendimento ao cliente, reduzir o tempo de resposta e aumentar o nível de satisfação dos usuários.

A empresa acredita que essa decisão vai gerar um aumento de receita de R$ 200 mil por ano e uma economia de despesas de R$ 100 mil por ano.

O custo para implementar a IA no software é de R$ 400 mil e o horizonte do ciclo de vida do investimento é de 5 anos. O ROI da IA no software é calculado como:

ROI = (((200 mil + 100 mil) x 5) – (400 mil)) / 400 mil = (((300 mil) x 5) – (400 mil)) / 400 mil = ((1.500 mil) – (400 mil)) / 400 mil = 1.100 mil / 400 mil = 2,75 = 275%.

Isso significa que a empresa irá recuperar todo o investimento realizado na introdução da IA no software e obter um lucro sobre o valor investido ao longo do ciclo de vida do investimento (5 anos), ou seja, a empresa vai lucrar R$ 2,75 para cada real investido.

Uma plataforma "online" que ajuda os desenvolvedores para escrever de forma mais rápida e melhor os códigos, usa uma IA baseada em redes neurais para sugerir trechos de códigos relevantes para cada projeto.

A plataforma revelou que a IA aumentou a produtividade dos desenvolvedores em até 50%, reduziu os erros em até 40% e economizou milhares de horas de trabalho.

O custo para desenvolver a IA foi estimado em R$ 5 milhões e o custo da sua manutenção é de R$ 1 milhão por ano e o ganho com a IA foi estimado em R$ 4 milhões por ano, considerando o aumento da receita com as assinaturas da plataforma e a economia com os salários dos desenvolvedores.

ROI = (((4 milhões – 1 milhão) x 5) – (5 milhões)) / 5 milhões = (((3 milhões) x 5) - (5 milhões)) / (5 milhões) = ((15 milhões) - (5 milhões)) / (5 milhões) = (10 milhões) / (5 milhões) = 2 = 200%

Isso significa que a plataforma lucrou dois reais para cada real investido na inteligência artificial ao longo do ciclo de vida do projeto de 5 anos.

O cálculo do ROI da introdução da IA no software é uma ferramenta importante para avaliar a viabilidade e a rentabilidade da decisão de investir, no entanto, é preciso levar em conta também outros fatores qualitativos, como o impacto da IA na experiência do usuário, na reputação da empresa, na inovação do produto etc.

É preciso monitorar e revisar periodicamente o ROI da introdução da IA no software para verificar se os resultados esperados estão sendo alcançados e se existe necessidade de ajustes ou melhorias.

Referências:

How to use AI to optimize your Software Development Ways of Working, https://medium.com/stepstone-tech/use-ai-to-optimize-your-software-development-ways-of-working-6dcc1119ea93, acessado em 13/05/2024.

How Much Does Software Maintenance Costs? Beginner's Guide!, https://devtechnosys.com/insights/software-maintenance-costs/, acessado em 13/05/2024.

Risks and rewards of generative AI for software development, https://circleci.com/blog/risks-rewards-generative-ai/#:~:text=required%20quality%20standards.-,Security%20vulnerabilities,encryption%2C%20or%20insecure%20access%20controls., acessado em 13/05/2024.

Behavioural evidence for a transparency–efficiency tradeoff in human–machine cooperation, https://www.nature.com/articles/s42256-019-0113-5, acessado em 13/05/2024.

The benefits and risks of AI development tools, https://www.scmagazine.com/native/the-benefits-and-risks-of-ai-development-tools, acessado em 13/05/2024.

AI in Software Development: The Good, the Bad, and the Dangerous

Just like with using open source, organizations need to be diligent about testing AI components and understanding where and how it is used in their software, https://www.darkreading.com/application-security/ai-in-software-development-the-good-the-bad-and-the-dangerous, acessado em 13/05/2024.

Melhorar a experiência do cliente

A experiência do cliente de um software é a percepção que o usuário tem sobre a utilização do produto ou serviço digital (aplicativo, site, plataforma etc.).

A percepção é influenciada por diversos fatores (preço, usabilidade, funcionalidade, amigabilidade, segurança, suporte, manutenção, valor agregado etc.).

A experiência do cliente de um software é importante porque ela determina o nível de satisfação e fidelização dos usuários, ou seja, o sucesso e a rentabilidade do empreendimento.

Um software que oferece uma boa experiência para o cliente é capaz de atender tanto as necessidades, expectativas e preferências dos usuários, quanto de gerar confiança, engajamento e recomendação.

Para criar e melhorar a experiência do cliente de um software é preciso adotar uma abordagem centrada no usuário (pesquisar, entender, projetar, testar e iterar o software com base no "feedback" dos usuários).

Também é preciso levar em conta o contexto do uso do software, as emoções dos usuários e os objetivos de curto, médio e longo prazo do empreendimento.

A experiência do cliente do software é um diferencial competitivo no mercado, pois os usuários têm acesso a diversas opções de produtos e serviços digitais.

Um software que proporciona uma experiência do cliente positiva se destaca da concorrência e cria uma relação duradoura com os usuários.

Para criar e melhorar a experiência do cliente de um software é preciso trabalhar com afinco, efetividade e constância de propósito nas seguintes dimensões:

- Pesquisar o perfil, necessidades, dores e expectativas dos usuários;
- Definir as jornadas e os cenários de uso do software;
- Criar protótipos e testar as soluções com os usuários;
- Implementar as melhorias e monitorar os resultados;
- Coletar e analisar o "feedback" dos usuários e iterar o processo;
- Definir claramente os objetivos e as metas do projeto, alinhando-os com a visão e a missão da organização;
- Conhecer profundamente o público-alvo, criando mapas da jornada e outros artefatos que representem as características, comportamentos e necessidades dos usuários;
- Envolver os usuários em todas as etapas do processo de desenvolvimento, desde a concepção até a entrega, coletando retornos constantes e iterando as soluções;
- Adotar uma abordagem centrada no usuário, focando nos problemas que se quer resolver e nos benefícios que se quer gerar para os clientes;
- Utilizar ferramentas adequadas para coletar e analisar os dados sobre a experiência do cliente do software;
- Testar as hipóteses e as soluções com usuários reais ou representativos, em ambientes reais ou simulados, medindo os resultados e aprendendo com os erros;
- Implementar as melhorias necessárias no software, monitorando o desempenho e avaliando o impacto na experiência do cliente.

A melhoria da experiência do cliente do software aumenta tanto o nível de satisfação e fidelização dos usuários, quanto a probabilidade de sucesso do negócio, quanto a rentabilidade do empreendimento.

Um software que oferece uma boa experiência para o cliente é capaz de atender às necessidades, expectativas e preferências dos usuários, ou seja, ele gera confiança, engajamento e recomendação.

Uma das formas de aplicar a IA na experiência do cliente de software é o uso de "chatbots", que são sistemas capazes de interagir com os clientes por meio de linguagem natural, seja por texto ou voz.

Os "chatbots" podem auxiliar os clientes em diversas tarefas, como tirar dúvidas, fazer sugestões, resolver problemas, agendar serviços etc.

Os "chatbots" podem aprender com as interações e se adaptar às preferências e ao perfil dos clientes, proporcionando um atendimento mais personalizado e satisfatório.

Outra forma de usar a IA na experiência do cliente de um software é o uso de um sistema de recomendação (algoritmo que analisa os dados dos clientes e sugere produtos, serviços ou conteúdos relevantes).

Esses sistemas podem aumentar a fidelização dos clientes, pois geram valor e confiança, além de estimular o consumo e a descoberta de novas opções.

O sistema de análise preditiva da IA (ferramenta que usa as técnicas estatísticas e de aprendizado de máquina para prever comportamentos, tendências ou eventos futuros) também pode ser usado na experiência do cliente de um software.

Esses sistemas ajudam os clientes na tomada de decisões mais assertivas e baseadas em dados, além de antecipar necessidades e oportunidades.

Resumo:

A inteligência artificial melhora a experiência do cliente de um software, pela entrega de soluções que agregam valor, rapidez e qualidade ao atendimento e geram "insights" e conhecimentos para os clientes pela:

1. Personalização. A IA analisa os dados dos clientes, como histórico de compras, preferências, comportamento, "feedback" etc., e oferece recomendações personalizadas, ofertas, conteúdo que se adequam às necessidades e interesses dos usuários, ou seja, ela é capaz de aumentar o nível de satisfação e fidelização dos clientes.

2. Automação. A inteligência artificial automatiza os processos repetitivos e demorados (atendimento ao cliente, suporte técnico, cobrança etc.) usando "chatbots", assistentes virtuais, robôs para reduzir os custos operacionais, melhorar a eficiência e a qualidade do serviço e proporcionar uma resposta rápida e conveniente para os clientes.

3. Previsibilidade. A IA usa os algoritmos de aprendizado de máquina e análise de dados para prever as tendências, demandas, comportamentos, riscos, ameaças, fragilidades, oportunidades etc.

4. A inteligência artificial ajuda no processo de adaptação das mudanças do software, na antecipação das necessidades dos clientes, na otimização das estratégias de marketing e vendas, no aumento da competitividade corporativa e no processo de inovação.

O uso da IA no desenvolvimento e na entrega de um software melhora a experiência do cliente nos seguintes aspectos:

- Aumento da produtividade e qualidade do código pela redução, erros, falhas e retrabalhos.

- Aumento da oferta de soluções inovadoras adaptadas às necessidades e preferências dos usuários.

- Melhoria da comunicação e colaboração entre os desenvolvedores, os clientes e os "stakeholders".

- Redução do tempo de lançamento e atualização dos produtos, ou seja, melhor acompanhamento das mudanças do mercado e da demanda.

- Otimização do uso dos recursos.

- Redução da relação entre o custo e o benefício do projeto do software, ou seja, aumento do retorno sobre o investimento.

Os benefícios e malefícios de usar a inteligência artificial para melhorar a experiência do cliente de software são um tema importante para os desenvolvedores e gestores de projetos.

O uso da inteligência artificial para melhorar a experiência do cliente de um software exige a coleta e análise dos dados sobre o comportamento, as preferências e as necessidades dos usuários.

O objetivo da coleta e análise dos dados é o entendimento de como os usuários interagem com o software (quais são as suas dores, o que eles valorizam e o que eles esperam).

As informações sobre as dores, valorizações e expectativas permitem a criação de soluções que atendam às suas demandas e necessidades, ou seja, gera um aumento do nível de satisfação, fidelização e conversão.

Os principais malefícios de usar a inteligência artificial para melhorar a experiência do cliente de um software estão relacionados com os seguintes aspectos:

- Aumento da complexidade do processo de desenvolvimento, pois o planejamento, pesquisa, testes e validações precisam ser mais detalhados.

- Aumento dos riscos e incertezas, pois o dinamismo do cenário das demandas e necessidades dos usuários gera um ambiente imprevisível e volátil.

- Aumento das expectativas e demandas dos clientes (elas podem mudar rapidamente e as soluções propostas podem não endereçar as necessidades especificas dos usuários).

- Aumento dos desafios éticos e legais, pois é preciso respeitar a privacidade, a segurança e os direitos dos usuários.

Segurança digital e melhoria da experiência do cliente

A segurança digital é um dos principais desafios para as empresas que desenvolvem e fornecem software para seus clientes. Além de proteger os dados e as informações sensíveis dos usuários, a segurança digital também afeta a confiança, a satisfação e a fidelização dos clientes.

O investimento em segurança digital é, portanto, uma das formas para melhorar a experiência do cliente de um software.

Os clientes e usuários estão cada vez mais exigentes e conscientes dos riscos, potencialidades, ameaças e oportunidades oferecidas pela tecnologia.

A segurança digital é o conjunto de medidas e ações para proteger os sistemas, as redes, os dispositivos, os aplicativos e os dados contra os ataques cibernéticos (vírus, "malware", "ransomware", "phishing" etc.).

A segurança digital envolve aspectos técnicos, como criptografia, autenticação, "firewall", antivírus e aspectos humanos, como conscientização, educação, treinamento, políticas e normas de segurança.

A segurança digital é fundamental para garantir a integridade, a confidencialidade e a disponibilidade dos dados e das informações dos usuários e das empresas.

A segurança digital também contribui para evitar prejuízos financeiros, reputacionais e legais decorrentes de incidentes de segurança.

Segurança digital e a experiência do cliente de um software

A experiência do cliente é o resultado da percepção e avaliação que o usuário tem sobre o sistema, considerando aspectos como usabilidade, funcionalidade, projeto, suporte etc.

A experiência do cliente pode ser tanto positiva, quanto negativa, e ela determina o grau de satisfação e de fidelização do usuário. Os principais benefícios da correta segurança digital são:

- Aumento da confiança: o usuário se sente mais seguro e tranquilo ao utilizar um software que protege seus dados e suas informações.

- Aumento da satisfação: o usuário tem uma melhor impressão sobre o software que entrega uma segurança digital adequada e transparente.

- Aumento da fidelização: o usuário tende a continuar utilizando e recomendando um software que atende às suas expectativas e necessidades de segurança.

Os principais malefícios da incorreta segurança digital são:

- Redução da confiança: o usuário se sente mais vulnerável e desconfiado ao utilizar um software que expõe seus dados e suas informações.

- Redução da satisfação: o usuário tem pior impressão sobre o software que entrega segurança digital insuficiente ou sem transparência.

- Redução da fidelização: o usuário tende a abandonar ou trocar um software que não cumpre com suas exigências e demandas de segurança.

Para garantir uma boa segurança digital e uma boa experiência do cliente de software, é preciso adotar algumas das seguintes melhores práticas:

- Seguir os padrões e as normas de segurança: existem diversas normas e regulamentações nacionais e internacionais que estabelecem os requisitos mínimos de segurança para os softwares. É importante seguir esses padrões para evitar sanções legais e para demonstrar credibilidade aos usuários.

- Implementar as melhores soluções de segurança: existem diversas ferramentas e tecnologias que podem auxiliar na proteção dos sistemas, das redes, dos dispositivos, dos aplicativos e dos dados. É importante escolher as melhores soluções de acordo com as características e as necessidades do software.

- Testar e monitorar constantemente a segurança: é essencial realizar testes periódicos para verificar se existem vulnerabilidades ou falhas na segurança do software. Além disso, é preciso monitorar constantemente o desempenho e o comportamento do software para identificar e corrigir rapidamente qualquer problema ou ameaça.

- Comunicar com os usuários sobre a segurança: é fundamental informar e orientar os usuários sobre as medidas e as ações de segurança que são adotadas pelo software. É importante ser transparente e honesto sobre os riscos e as responsabilidades que envolvem a utilização do software.

- Educar e conscientizar os usuários sobre a segurança: é importante educar e conscientizar os usuários sobre a importância da segurança digital e sobre as boas práticas que devem ser seguidas para proteger os dados e informações. Isso pode ser feito por meio de campanhas, treinamentos, materiais educativos etc.

A segurança digital é um aspecto essencial para o desenvolvimento e o fornecimento de software para os clientes. Além de garantir a proteção dos dados e das informações dos usuários, a segurança digital também afeta a confiança, a satisfação e a fidelização dos clientes.

A combinação da visão do usuário com a inteligência artificial permite o desenvolvimento de um sistema que se adapta às preferências, aos comportamentos e aos "feedbacks" dos usuários, ou seja, existe uma oferta de uma experiência relevante, intuitiva e agradável.

O software que usa inteligência artificial para analisar o perfil, o histórico e o contexto do usuário pode sugerir funcionalidades, recursos ou configurações que sejam mais adequados para cada situação.

O software que usa a IA para entender a linguagem natural do usuário pode fornecer respostas mais precisas e rápidas às dúvidas ou solicitações.

A visão do usuário em colaboração com a inteligência artificial melhora a experiência do cliente de um software, porque ela permite que os desenvolvedores criem soluções que enderecem às necessidades reais dos usuários, não apenas às especificações técnicas do escopo do projeto.

A visão do usuário permite que eles se sintam mais envolvidos, valorizados e satisfeitos com o software que usam, aumentando o seu nível de fidelidade e de recomendação.

Resumo

A IA ajuda na detecção e na prevenção de ataques, na análise de vulnerabilidades, na criptografia dos dados e na autenticação dos usuários.

A inteligência artificial facilita o cumprimento das normas e regulamentações de segurança que protegem os dados pessoais dos cidadãos.

A IA melhora a experiência do cliente de um software em termos de segurança, pois ela habilita uma interação mais personalizada, ágil e satisfatória (melhora a usabilidade, a acessibilidade e a funcionalidade), ou seja, maior capacidade de adaptação às preferências, necessidades e comportamentos dos usuários.

A inteligência artificial oferece suporte e assistência aos usuários nas questões relacionadas com a segurança, por meio de "chatbots", assistentes virtuais e sistemas de recomendação, gerando vantagens competitivas, operacionais e estratégicas para as empresas e organizações que desenvolvem softwares.

A IA aumenta a qualidade, a eficiência, a segurança e o nível de inovação dos softwares, gerando valor agregado para os clientes e para a sociedade.

Taxa de conversão

O "churn" representa a porcentagem de clientes que abandonam um serviço dentro de um determinado período. Ele é uma métrica usada em telecomunicações, SaaS (Software as a Service), serviços de assinatura etc. Uma elevada taxa de abandono gera os seguintes impactos em um empreendimento:

Perda de Receita: A perda de clientes compromete a saúde financeira da empresa e até mesmo sua existência, uma vez que as vendas são essenciais para sua sobrevivência.

Custo de Aquisição de Cliente: O investimento feito para adquirir um cliente é perdido quando ele abandona o serviço. Nos segmentos de mercado altamente competitivos, o valor do custo de aquisição de um cliente é bastante elevado, ou seja, o impacto do abandono é bastante significativo.

Reputação da Marca: Um "churn" elevado em geral indica insatisfação do cliente, ou seja, ele prejudica a política de retenção e a reputação da marca.

A Inteligência Artificial é capaz de oferecer diversas soluções para prever e reduzir a taxa de abandono na indústria de software:

Análise Preditiva: Os algoritmos de aprendizado de máquina conseguem analisar grandes volumes de dados dos clientes para prever quais são mais propensos a cancelar o uso do software. Os modelos analisam o comportamento de uso do cliente, o histórico de interações do cliente com o atendimento ao consumidor para fazer previsões cada vez melhores sobre a taxa de abandono.

Personalização: A IA permite personalizar a experiência do cliente, e oferecer soluções que enderecem às suas necessidades específicas para aumentar o nível de satisfação e a taxa de retenção.

Automatização do Atendimento ao Cliente: "chatbots" e assistentes inteligentes podem ser usados para: (i) responder as perguntas mais frequentes, (ii) resolver os problemas básicos, (iii) entregar suporte 24/7 e (iv) melhorar a experiência geral do cliente.

A análise de grandes volumes de dados do comportamento dos clientes pela IA permite a identificação de padrões comportamentais e a melhoria das previsões, ou seja, ela permite o entendimento das dores dos clientes e tomada de medidas proativas e efetivas para evitar o "churn".

O *Conversion Rate Optimization* (CRO) é um processo usado para melhorar o desempenho de um site, plataforma ou aplicativo. No processo de otimização, é comum o uso de algoritmos de aprendizado de máquina e modelagem preditiva da IA para otimizar os elementos do software, melhorar a experiência do usuário e aumentar a taxa de conversão.

A inteligência artificial permite a adaptação em tempo real do site ou aplicativo às preferências e comportamentos dos usuários, ou seja, é criado um ambiente em que o visitante é orientando em função dos seus desejos (conteúdo personalizado).

A taxa de abandono de clientes ocorre quando os consumidores abandonam a marca e as principais causas são a insatisfação com o software e melhor desempenho da concorrência.

Em diversos casos, a falta de atualização do software é a principal causa do abandono, isto significa que o desenvolvedor do software precisa estar em dia com as exigências do mercado, com o perfil de comportamento do público-alvo e com as estratégias da concorrência para minimizar a taxa de abandono e maximizar o crescimento da receita.

O desenvolvedor de software que investe na redução da taxa de abandono economiza tempo e dinheiro, pois clientes satisfeitos criam laços com a empresa e são mais propensos a consumir novos softwares, ou em outras palavras, a confiança gerada nas compras passadas facilita o processo de decisão de compra.

O uso da inteligência artificial na indústria de software elimina ou reduz a quantidade de tarefas repetitivas, aumenta a velocidade da identificação dos erros e vulnerabilidades e gera "insights" significativos para melhorar o sistema.

A alta taxa de abandono é um dos principais desafios enfrentados pela indústria de software atualmente. É muito comum um usuário abandonar um software por causa de falhas, erros, "bugs", vulnerabilidades e suporte inadequado.

As empresas desenvolvedoras de software estão sofrendo perdas relevantes nas suas receitas, e por isso muitas estão incorporando a Inteligência Artificial nos seus sistemas.

Os algoritmos avançados da IA conseguem analisar o comportamento do usuário e identificar os principais motivos para o abandono.

Com estas informações, as empresas desenvolvedoras de software podem criar estratégias personalizadas para cada cliente e reduzir a taxa de abandono.

A análise das preferências do usuário, do histórico de navegação e dos padrões de uso pelos algoritmos de IA permite a oferta de recomendações personalizadas e relevantes para os usuários.

O envio de lembretes personalizados com base no comportamento do usuário permite que o sistema inteligente rapidamente identifique as pendências dos processos e as resolva.

Os "chatbots" e os assistentes inteligentes podem desempenhar um papel vital na solução das pendências, pois, a tecnologia de Processamento de Linguagem Natural permite que eles relacionem os conceitos, as entidades, as ideias e o conhecimento para direcionar o usuário para o foco da pendência.

A integração de diversas fontes de dados é um desafio essencial para as empresas que buscam otimizar suas operações, tomar decisões mais assertivas e aumentar a taxa de conversão. Nesse contexto, a inteligência artificial desempenha um papel fundamental.

Múltiplos dados

A análise de grandes quantidades de dados é fundamental para a introdução da inteligência artificial em um software, pois quando a IA lida com múltiplos dados, ela é capaz de identificar padrões e tendências.

A análise é especialmente útil nas situações complexas, pois a inteligência artificial consegue trabalhar com várias variáveis e com isto gerar um conjunto de informações relevantes para que os desenvolvedores tomem a melhor decisão possível.

Análise e Identificação de Padrões:

A IA é capaz de analisar grandes quantidades de informações e identificar padrões ocultos. Isso permite que os desenvolvedores compreendam melhor os dados provenientes das diferentes fontes e encontrem relações significativas.

O reconhecimento de padrões tem como objetivo a classificação dos dados em um determinado número de categorias ou classes com base na observação de suas características.

Em outras palavras, o reconhecimento de padrões visa construir uma representação mais simples de um conjunto de dados, destacando suas características mais relevantes e possibilitando sua classificação em diferentes classes.

Os dados são representados por vetores de características (padrões) em um espaço multidimensional chamado "espaço de características".

O objetivo da classificação é reconhecer todos os agrupamentos nesse espaço e identificar os padrões repetidos.

A classificação pode ser supervisionada (classes são definidas com base em exemplos conhecidos e o sistema é treinado com exemplos e suas respectivas classificações) e não supervisionada (não existem informações prévias sobre as classes dos padrões na amostra, pois os métodos não supervisionados agrupam os padrões com base na sua disposição no espaço de características).

O filtro antispam do e-mail é um exemplo de reconhecimento de padrões, pois ele organiza as mensagens com base em configurações previamente aplicadas. O reconhecimento facial é outro exemplo de reconhecimento de padrões.

O reconhecimento de padrões é uma ferramenta poderosa na análise e organização de dados, pois ela permite que a IA classifique as informações com base nos padrões identificados.

O reconhecimento de padrões é uma habilidade fundamental para resolver problemas eficientemente e para reutilizar soluções previamente aprendidas.

Visualização e Organização:

A IA consegue organizar as informações que estão espalhadas nos e-mails, arquivos, pastas etc. Ela torna o acesso aos dados mais fácil, permitindo que os desenvolvedores visualizem e compreendam melhor o panorama geral do uso do software.

A inteligência artificial automatiza a aprendizagem repetitiva e a descoberta a partir dos dados, pois ela realiza tarefas frequentes, volumosas e automatizadas com confiabilidade e sem fadiga.

A IA pode ser usada para unificar os dados de diversas plataformas e de diferentes fontes e reunir todos os dados dos clientes em uma única visualização.

A inteligência artificial ajuda na visualização e organização dos dados, permitindo que os desenvolvedores tomem decisões embasadas e mais assertivas para impulsionar o crescimento e a inovação do software.

Personalização:

A IA permite a criação de conteúdos personalizados com base nos dados integrados, permitindo a segmentação precisa e, portanto, favorecendo o alcance do público certo.

Os conteúdos personalizados com base nos dados integrados criados pela inteligência artificial oferecem oportunidades relevantes para otimizar o direcionamento, para aumentar as taxas de conversão e para entregar experiências únicas para os clientes do software.

As experiências personalizadas escaláveis são criadas por algoritmos de aprendizado de máquina que otimizam o conteúdo com precisão e rapidez em larga escala, ou seja, é possível oferecer experiências personalizadas para muitos usuários, adaptando o software para as suas preferências e comportamentos.

A personalização gerada pela inteligência artificial minimiza o risco de tomada de decisão parcial ou com falha, pois ela habilita o melhor entendimento das necessidades e desejos do público-alvo.

A personalização criada pela IA, gera um conteúdo mais relevante, pois ela utiliza dados em tempo real para criar a experiência do usuário.

A combinação de dados próprios, de parceiros e terceiros com os algoritmos de aprendizado de máquina aumenta a relevância do conteúdo entregue aos usuários.

Maximização do retorno do investimento e da receita:

A personalização impulsiona o retorno do investimento, pois ela habilita as vendas suplementares e complementares pela melhoria da relevância do conteúdo entregue e pela precisão do direcionamento da customização.

A inteligência artificial automatiza a entrega de conteúdos, produtos e ofertas personalizadas, pois ela permite que os desenvolvedores incorporem no software modelos de dados e algoritmos que endereçam as necessidades específicas dos clientes.

No atendimento ao usuário, a personalização criada pela IA habilita a criação de um sistema de comunicação individualizado, segmentado, ágil e assertivo.

No treinamento dos usuários do software, a inteligência artificial é capaz de coletar dados sobre os usuários para criar um sistema adaptativo que personaliza o treinamento com base no desempenho e nas necessidades individuais de cada usuário.

Eficiência Operacional:

A integração de dados de diferentes fontes permite que os desenvolvedores otimizem a efetividade das suas atividades, por exemplo, os algoritmos inteligentes avançados impulsionam a criação de uma estrutura de privacidade e segurança digital no software para os usuários e com isto otimiza o tempo dos desenvolvedores.

A inteligência artificial proporciona diversos benefícios e melhorias na eficiência operacional dos desenvolvedores de software. Os assistentes de código são programas que permitem que os desenvolvedores escrevam códigos com mais rapidez e precisão.

Os assistentes de código são ferramentas que utilizam a inteligência artificial para ajudar os desenvolvedores na edição dos códigos. Eles também sugerem códigos.

As principais funcionalidades dos assistentes de código estão relacionadas com a prototipagem rápida, com a programação inteligente e com a análise automática de erros.

Existem assistentes avançados de código em que a inteligência artificial traduz um programa gerado em linguagem natural para a linguagem de programação dos computadores.

Os assistentes avançados de código aumentam a produtividade dos desenvolvedores e otimizam o processo de desenvolvimento de um software.

As atividades que consumiam horas dos desenvolvedores podem ser realizadas em minutos com os assistentes avançados de código, isto permite que os desenvolvedores se concentrem nas partes mais interessantes do trabalho, tornando a experiência de criação mais agradável e estimulante.

A inteligência artificial está transformando o processo de desenvolvimento de software, pois ela aumenta a agilidade, a acuracidade e a eficiência.

A IA permite que os desenvolvedores se concentrem no que realmente importa, ou seja, criar soluções inovadoras para os desafios do mundo digital.

Referências:

https://www.supero.com.br/blog/desenvolvimento-de-softwares-como-a-inteligencia-artificial-pode-acelerar/, Desenvolvimento de softwares: como a inteligência artificial pode acelerar, acessado em 13/05/2024.

https://news.microsoft.com/pt-br/como-a-ia-facilita-a-vida-dos-desenvolvedores-e-ajuda-todos-a-aprender-sobre-desenvolvimento-de-software/, Como a IA facilita a vida dos desenvolvedores e ajuda todos a aprender sobre desenvolvimento de software, acessado em 13/05/2024.

https://www.zendesk.com.br/blog/como-a-ia-melhora-a-eficiencia-operacional/, Como a IA melhora a eficiência operacional e eleva a lucratividade das empresas, acessado em 13/05/2024.

https://blog.engdb.com.br/o-uso-da-inteligencia-artificial/, O uso da inteligência artificial para melhorar a eficiência operacional, acessado em 13/05/2024.

Previsibilidade e Tomada de Decisões:

A IA oferece previsibilidade sobre os resultados, permitindo que desenvolvedores tomem decisões embasadas. Ela também ajuda os gestores a explorar caminhos antes inimagináveis, ampliando o horizonte de atuação.

A Inteligência Artificial ajuda na tomada de decisões mais acertadas e na otimização do tempo de resposta, pois ela organiza a distribuição de dados, avalia tendências, cria consistência nos dados, oferece previsões e quantifica incertezas.

Através da análise de dados históricos e padrões, a IA pode prever tendências futuras, permitindo que os desenvolvedores se antecipem em relação às mudanças e se adaptem rapidamente.

Aumento das vendas:

A inteligência artificial pode impulsionar as vendas complementares ("cross sell") e suplementares ("upsell") de uma desenvolvedora de software das seguintes maneiras:

Análise de dados e previsão de demanda:

A IA pode processar grandes volumes de dados de vendas, histórico dos clientes e tendências do mercado para identificar padrões e prever a demanda futura. Isso permite que a indústria de software ajuste a sua estratégia de marketing com base em informações precisas.

A previsão de demanda que é historicamente um desafio complexo, para a indústria de "software as a service", encontra uma solução na análise de grandes volumes de dados históricos em tempo real e nos algoritmos de aprendizado de máquina que identificam padrões e tendências.

As empresas da indústria de software estão sempre vivenciando o presente, mas elas precisam ter um olhar cuidadoso sobre o futuro, pois o comportamento dos clientes é influenciado por tendências e novidades.

Quanto mais exata é a previsão criada, melhor é a capacidade da desenvolvedora de software de alinhar todas as etapas da cadeia de produtiva.

As empresas usuárias de tecnologia desenvolvem as suas estimativas sobre a infraestrutura de Tecnologia de Informações e Comunicações (TIC) com base no uso observado nos períodos anteriores e em projeções futuras coletadas de diversas fontes internas e externas.

A inteligência artificial é capaz de combinar a análise do fluxo de informações com a automatização das atividades para melhorar toda a cadeia de valor da infraestrutura de TIC dos clientes, para melhorar os processos operacionais e para aumentar a precisão das previsões futuras da necessidade de recursos.

A IA oferece indicadores de desempenho em tempo real que avaliam se as entregas estão alinhadas com as demandas do cliente do software.

A previsão mais assertiva e objetiva das projeções futuras dos clientes permite tanto a criação de uma experiência personalizada para o cliente, quanto a recomendação de complementos e suplementos com base nos interesses e comportamentos dos clientes.

Atendimento ao cliente automatizado:

Os "chatbots" inteligentes podem responder as perguntas dos clientes em tempo real 24 horas por dia, 7 dias por semana, 365 dias por ano. Eles melhoram a experiência do cliente e ajudam no fechamento de vendas.

Os "chatbots" podem responder as perguntas mais frequentes, podem fornecer informações básicas, podem resolver problemas, podem analisar e categorizar automaticamente as mensagens recebidas e encaminhá-las para os departamentos ou agentes adequados, podem analisar as interações com clientes em tempo real e identificar as emoções e adaptar as respostas, podem rastrear as menções da marca nas redes sociais (tendências, reclamações ou elogios) para que o desenvolvedor de software responda rapidamente as demandas e mantenha uma imagem positiva.

Os assistentes virtuais inteligentes podem segmentar o público-alvo, enviar mensagens personalizadas e gerenciar as campanhas de vendas.

Eles também podem ajustar automaticamente os preços com base na demanda, concorrência e outros fatores (internos e externos) para maximizar os lucros e otimizar as vendas.

Análise de dados dos "leads":

A IA pode coletar e analisar dados dos "leads" (comportamento de compra, informações de contato e características gerais) para personalizar o atendimento e oferecer soluções que realmente atendam às necessidades dos clientes.

O uso da inteligência artificial na geração de "leads" para a indústria de software otimiza os processos e gera vantagens competitivas em todas as etapas da jornada do cliente.

O conjunto aprendizado de máquina, "big data", algoritmos e análise de dados em larga escala permite a avaliação de uma grande quantidade de dados e a identificação de padrões de comportamento e de tendências futuras (taxa futura de conversão de vendas e de engajamento).

A IA é capaz de coletar e analisar dados dos "leads", construir e atualizar a base de dados dos clientes, identificar as abordagens que geram melhores resultados, agrupar os "leads" com base em características semelhantes, personalizar as interações com os "leads" com base nos seus perfis individuais e identificar quais "leads" têm maior probabilidade de conversão.

Personalização das campanhas:

A IA permite a criação de uma campanha de marketing segmentada que atenda a necessidade específica de um tipo de "lead" para aumentar a chance de conversão pelo envio de mensagens relevantes.

A IA permite que a interação com o cliente seja única usando dados e comportamentos históricos, ou seja, ela aprende com as interações.

São maiores as chances de conversão de um "lead" que recebe recomendações alinhadas com o seu perfil de comportamento e seu interesse.

As mensagens personalizadas fazem com que o "lead" acredite que a empresa desenvolvedora de software compilou aquelas informações especialmente para ele e que ela compreende as suas necessidades.

A reação mais natural de um "lead" ao receber uma mensagem ou anúncio "on-line" interessante é visualizar as ofertas, pois são recomendações personalizadas geradas com base no histórico e comportamento do cliente.

Referências:

https://www.zendesk.com.br/blog/inteligencia-artificial-e-personalizacao/, Inteligência artificial e personalização: como trabalhar a união?, acessado em 13/05/2024.

https://conteudize.ai/blog/news-feed/inteligencia-artificial-revolucionando-o-marketing-o-papel-da-ia-na-otimizacao-de-resultados-e-personalizacao-

-de-campanhas/, Inteligência Artificial Revolucionando o Marketing: O papel da IA na otimização de resultados e personalização de campanhas, acessado em 13/05/2024.

https://hawk.digital/personalizacao-em-m, Personalização em massa: como a inteligência artificial contribui para eficácia de personalização?, acessado em 13/05/2024.

Automação:

A IA permite a automatização das tarefas repetitivas e manuais no processo de desenvolvimento e vendas de um software (por exemplo, no processo de desenvolvimento, a automação reduz os custos, os erros e as falhas e no processo de vendas, a automação aumenta a efetividade do gerenciamento de "leads" e de segmentação de clientes).

A inteligência artificial permite a execução de tarefas repetitivas e de baixo valor agregado com elevada velocidade e eficácia, por exemplo, a IA é capaz de criar autonomamente "scripts" para compilar, testar e implantar um código.

A detecção automatizada de erros e respectiva correção é feita por algoritmos de IA que analisam o código-fonte e identificam os erros e os problemas de qualidade.

Em outras palavras, a automatização dos processos ajuda os desenvolvedores na rápida e precisa localização e correção de "bugs" melhorando assim a qualidade do software.

As ferramentas baseadas em IA conseguem sugerir para os desenvolvedores de forma automatizada trechos de código com base tanto na análise analítica e estatística, quanto nas melhores práticas e padrões de programação.

A automação inteligente analisa em tempo real a performance do sistema e o desempenho dos recursos, por isso ela é capaz de fazer ajustes automáticos para otimizar a alocação de recursos.

Os algoritmos de aprendizado de máquina da IA ajustam dinamicamente e sem intervenção humana, as configurações dos servidores com base na carga de trabalho para garantir a melhor utilização dos recursos disponíveis.

Em diversos casos, a implementação, manutenção e atualização de sistemas de IA é cara, pois ela exige a validação humana, ou seja, a automatização de diversos processos depende da validação humana.

A inteligência artificial não tem os atributos de criatividade e intuição, ou seja, a análise dos dados e padrões não gera nem soluções "fora da caixa" e nem decisões baseadas na experiência subjetiva.

Os assistentes inteligentes não são capazes de demonstrar empatia ou de compreender as emoções dos clientes, isto significa que existem casos em que a IA afeta negativamente a experiência do cliente.

Em contrapartida, existem diversos casos e situações em que a inteligência artificial aumenta o nível de fidelidade dos clientes e de sustentabilidade do empreendimento.

A automação da pontuação e qualificação dos "leads" permite que as equipes de vendas do software concentrem a sua atuação nos clientes de alto potencial.

Os processos inteligentes analisam as interações de vendas bem-sucedidas e identificam os padrões que levaram para as conversões, ou seja, a IA é capaz de refinar as estratégias de vendas do desenvolvedor de software e de melhorar o desempenho do empreendimento.

Na indústria de software, os custos com a mão de obra de desenvolvimento e de vendas são bastante elevados, por isso os algoritmos de IA usam a análise dos dados históricos para aumentar a precisão da previsão das tendências futuras do público-alvo, ou seja, é melhorada a alocação dos recursos, o gerenciamento de estoque e o planejamento da receita.

No processo de vendas, a IA recomenda soluções relevantes durante as interações com os vendedores ou clientes com base no comportamento e preferências dos usuários, ou seja, ela cria e identifica as oportunidades de vendas complementares e suplementares.

Ainda no processo de vendas, a inteligência artificial ajuda na tomada de decisões pela criação de um ambiente de informações corretas sobre os preços e de engajamento dos clientes.

Nos processos internos, a automatização das tarefas repetitivas feita pela IA, permite que os profissionais da empresa concentrem o seu tempo no desenvolvimento de relacionamentos e na execução de atividades estratégicas, ou seja, existe um crescimento da retenção de funcionários e redução da rotatividade pela melhoria do nível de satisfação no trabalho dos colaboradores.

Nos processos empresariais, é possível otimizar o retorno sobre o investimento usando a análise orientada pela inteligência artificial que rastreia a eficácia das campanhas de marketing, os esforços de vendas e as interações com os clientes.

O aumento da efetividade da alocação dos recursos tecnológicos, humanos e financeiros permite a maximização do retorno sobre o investimento.

Nos processos de atendimento ao cliente, os "chatbots" alimentados pela IA simplificam a experiência de atendimento ao cliente, pois eles respondem à perguntas comuns, fornecem artigos da base de conhecimento e orientam os clientes nos processos de negócios (respostas personalizadas em segundos).

O suporte direcionado com tempo de resposta rápido e com disponibilidade 24 horas por dia, 7 dias por semana proporcionados pela inteligência artificial, fazem com que os clientes se sintam compreendidos e valorizados.

No caso do atendimento inteligente ao cliente, a IA é capaz de encaminhar as perguntas complexas para as pessoas ou departamentos certos, garantindo assim que os clientes recebam respostas precisas e oportunas.

A inteligência artificial quebra a barreira da língua única, pois ela permite o suporte multilíngue, ou seja, consultas dos clientes em vários idiomas.

A análise de sentimento dos clientes durante as interações com a central inteligente de atendimento é capaz de identificar precocemente os problemas e de resolvê-los de forma proativa.

As atividades de agendamento dos técnicos de campo ou relacionadas com as devoluções de soluções são automatizadas pela IA com enorme eficiência.

Referência:

https://blog.tail.digital/inteligencia-artificial-para-o-marketing/, Inteligência Artificial para o marketing: vantagens e desvantagens da tecnologia, acessado em 13/05/2024.

IA nativa:

A IA no atendimento ao cliente desempenha um papel crucial na personalização e na criação de interações mais naturais e significativas, pois os sistemas inteligentes podem entender as necessidades dos clientes e gerar respostas que vão além de simples roteiros pré-programados.

Personalização em escala:

Os sistemas inteligentes têm a capacidade de oferecer personalização em escala que permite que as empresas atendam às necessidades individuais dos clientes e façam adaptações para diferentes contextos e preferências.

A personalização em massa dos sistemas inteligentes cria uma experiência individualizada para muitos clientes ou usuários com base nos dados e nas informações exclusivas sobre cada pessoa.

A personalização inteligente permite que a indústria de software se comunique de forma relevante e eficaz com os seus clientes e promova conexões fortes e duradouras.

A comunicação inteligente pode ser feita em diversos canais (e-mails, anúncios "online", sites, aplicativos móveis, lojas físicas etc.). Os principais benefícios da personalização em massa são o aumento do nível de fidelidade do cliente e crescimento das taxas de conversão e das vendas.

A IA habilita a personalização em larga escala na dimensão eficiência (automatização dos processos manuais demorados, análise de grande volume de dados, criação de conteúdo individualizado etc.), na dimensão escalabilidade (experiência personalizada para uma grande quantidade de clientes, processamento de uma grande quantidade de dados em tempo real, identificação de padrões e informações relevantes sobre o comportamento do consumidor etc.), na dimensão precisão (algoritmos que aprendem e se adaptam continuamente para aumentar a precisão das personalizações, ou seja, perfis detalhados de clientes e entendimento das preferências, necessidades e desejos para melhorar a experiência geral do cliente e aumentar a taxa de conversão).

A personalização em massa envolve mensagens específicas adaptadas às características de cada cliente e criação de conteúdo dinâmico que se adapta automaticamente às preferências do cliente em tempo real.

Resolução rápida de problemas:

Os sistemas inteligentes permitem a automatização da resolução de problemas comuns no atendimento ao cliente, ou seja, aumento da agilidade, redução do tempo de espera e melhoria do nível de satisfação dos clientes.

Os sistemas inteligentes oferecem respostas imediatas e criam um ciclo contínuo de aprendizado com base nos dados, na descoberta de padrões e na criação de conexões que geram informações oportunas e necessárias.

As respostas rápidas ampliam a capacidade do desenvolvedor de software de atender muitos clientes, pois os custos são menores e a eficiência é aumentada.

Os casos mais simples são resolvidos rapidamente sem a necessidade de envolvimento dos operadores humanos.

Melhoria da Experiência dos Clientes:

Os sistemas inteligentes criam interações mais naturais e significativas, tornando a experiência do cliente mais agradável e eficiente.

A IA responde às perguntas, fornece informações relevantes, antecipa as necessidades dos clientes etc., ou seja, a experiência personalizada e eficiente para os clientes é um elemento crucial para a indústria de software.

Os "bots" são assistentes inteligentes que conectam todos os aplicativos que os clientes usam para resolver os seus problemas, e eles podem executar tarefas simples ou sofisticadas.

Os representantes de vendas de um desenvolvedor de software usam os "bots" para classificar e filtrar os "leads", para agrupar os "leads" mais promissores e para recomendar quem o vendedor deve contatar primeiro.

Otimização de Processos:

Os clientes querem que os seus fornecedores tenham processos simples e eficientes, por isso, os sistemas inteligentes disponibilizam as informações solicitadas através do canal preferido do cliente.

O sistema inteligente do desenvolvedor de software aprende com o comportamento do cliente e com as tendências observadas em clientes semelhantes para recomendar aplicações complementares e suplementares com base no comportamento do usuário.

Aproveitamento dos dados ignorados:

A maioria dos dados atuais usados nos sistemas inteligentes foram criados nos últimos dois anos, por isso, a inteligência artificial está sendo treinada para trabalhar os recursos de computação em nuvem e para processar e analisar os dados que até então estavam sendo ignorados.

Os dados mais antigos podem ser usados para melhorar o atendimento ao cliente, por exemplo, eliminando a necessidade de os clientes informarem dados já informados.

A experiência do cliente fica bastante prejudicada, quando o cliente tem que inserir várias vezes no sistema automatizado ou humano a mesma informação sobre documentos, contratos etc.

Aprendizado:

Os clientes querem receber um serviço personalizado, rápido, conectado e inteligente. A capacidade dos sistemas inteligentes de aprender com os dados permite que a indústria de software personalize a experiência com base nas preferências do cliente, no histórico e nos padrões das interações.

Os sistemas inteligentes permitem, em outras palavras, uma análise profunda do comportamento do cliente, antecipação das necessidades, soluções em tempo real e otimização contínua dos processos para garantir uma experiência agradável e satisfatória.

O uso da IA em um software tem o potencial de revolucionar o atendimento ao cliente, tornando-o mais eficiente, personalizado e satisfatório.

Melhorar a interação com a inteligência artificial:

É preciso ir direto ao assunto, ou seja, não é necessário ser educado ou refinado ao interagir com a IA, pois os modelos de linguagem respondem melhor às instruções diretas e simples sem a necessidade de usar "por favor", "gostaria" etc.

Para ir direto ao assunto é preciso ser conciso e simplesmente perguntar o que deseja usando palavras-chave relevantes, especificando a tarefa (por exemplo, "Explique o funcionamento da geladeira"), evitando redundâncias (não repetir informações desnecessárias "Como fazer um bolo de chocolate" ao invés de "Gostaria de saber como fazer a receita de um bolo de chocolate"), priorizando as informações importantes relevantes no início da pergunta (por exemplo, "Qual é a capital da Itália?" em vez de "Você poderia me dizer qual é a capital da Itália?"), sendo específico (por exemplo, em vez de perguntar "Como funciona a geladeira?", pergunte "Quais são os principais componentes de uma geladeira?"), usando linguagem clara, ou seja, evite o uso de jargões ou termos técnicos complexos (linguagem simples e acessível), revisando a pergunta (por exemplo, antes de enviar, reveja a pergunta para garantir que ela seja clara e direta), pois a IA responde com base nas instruções que recebe, ou em outras palavras, quanto mais clara e específica for a pergunta, melhor será a resposta.

Para ir direto ao assunto é preciso identificar a audiência, pois a resposta da inteligência artificial muda conforme a pergunta, ou seja, pedir resposta para idosos, para especialistas em saúde ou para profissionais do futebol resultará em informações mais adequadas ao público-alvo (por exemplo, defina: (i) o contexto, (ii) o destinatário, (iii) o objetivo da comunicação, (iv) o nível de conhecimento prévio da audiência, (v) a linguagem apropriada, (vi) as diferenças culturais e de idioma, (vii) o nível de formalidade ou informalidade, (viii) a simplificação da resposta usando listas e (ix) os relacionamentos).

Para ir direto ao assunto é preciso identificar as etapas principais (por exemplo, em vez de "escrever um relatório", usar "pesquisar", "elaborar um esboço", "redigir o conteúdo", "revisar o texto" ou seja, listar todas as etapas para visualizar o processo completo), priorizar as etapas (ordem em que as etapas devem ser realizadas, pois algumas podem depender das outras), detalhar cada etapa (descrever o que precisa ser feito com clareza, por exemplo, na etapa "pesquisa", especifique os tópicos a serem pesquisados e as fontes a serem consultadas).

Para ir direto ao assunto é preciso evitar as instruções negativas, pois os modelos de linguagem lidam melhor com instruções afirmativas, ou seja, em vez de "não faça algo" use "fazer algo específico", por exemplo, em vez de "Não use jargões técnicos", escreva "Use linguagem simples".

Para ir direto ao assunto é preciso tanto (i) ser específico e detalhar o que deseja (use verbos de ação para indicar claramente o que deve ser feito, por exemplo, "Explique" ou "Descreva"), quanto (ii) definir as expectativas positivas, por exemplo, "Forneça exemplos relevantes", quanto (iii) evitar negativa dupla, por exemplo, em vez de "Não deixe de não mencionar", diga "Lembre-se de mencionar", quanto (iv) reforçar com comentários positivos para incentivar um bom desempenho (por exemplo, "Ótimo trabalho organizando os "leads" arquivos").

Para ir direto ao assunto é preciso explicar com clareza (solicitar uma explicação sobre algo utilizando termos simples para que a resposta da IA seja compreensível), por exemplo, "O que é uma geladeira inteligente?", "O que uma geladeira inteligente faz?", "Como ela aprende?".

Para ir direto ao assunto é preciso tanto dar exemplos (quando a IA encontra mais de uma resposta possível, ela deve gerar respostas adicionais relacionadas), quanto usar uma estrutura de "prompts" em várias linhas (categorizar as instruções, dar exemplos e fazer as perguntas) para facilitar a compreensão da IA sobre a solicitação (uso de títulos para indicar diferentes seções com introdução, falar sobre, método para resolver o problema, deve ser utilizada a técnica "x", e os resultados devem ser mostrados em listas numeradas obedecendo às etapas de coleta e análise dos dados, interpretação dos resultados e apresentação das ideias em parágrafos separados com citações ou destaques e gráficos e tabelas).

Para ir direto ao assunto é preciso tanto (i) incluir a palavra "DEVES" em maiúsculas, pois ela força a Inteligência Artificial a cumprir requisitos específicos, quanto (ii) avisar sobre penalizações, quanto (iii) solicitar respostas humanizadas, por exemplo, escreva "responda como um humano" para conseguir respostas mais naturais e menos mecânicas, quanto (iv) responder passo a passo para ter uma exposição clara do raciocínio, quanto (v) exigir imparcialidade para evitar que a resposta não seja baseada em informações tendenciosas.

Para personalizar as respostas da inteligência artificial é preciso fornecer informações pessoais para ela e solicitar respostas específicas.

Para avaliar o nível de compreensão da IA sobre um determinado teorema ou conceito é preciso solicitar que ela crie um teste de conhecimento sobre o assunto e depois responda o teste.

Para obter respostas com base em um perfil, é preciso solicitar que a inteligência artificial desempenhe um papel específico, por exemplo, professor de matemática e que ela responda as perguntas de acordo com esse papel.

Para ter respostas em um determinado formato é preciso, por exemplo, solicitar que a IA responda com no máximo 100 palavras ou em formato de uma tabela ou gráfico.

Para aumentar a ênfase da IA em responder sobre determinados pontos é preciso repetir no "prompt" de comando as palavras-chaves relevantes.

Para conseguir respostas baseadas em dados atuais é preciso solicitar que a inteligência artificial ignore os dados anteriores ao ano de 2022, por exemplo.

Para conseguir respostas abrangentes é preciso solicitar que a IA inclua na sua pesquisa todas as informações sobre um determinado assunto.

Expectativas dos usuários

Os clientes e usuários têm as seguintes expectativas em relação ao software, a empresa desenvolvedora do sistema inteligente e a indústria de software.

Agregação de valor e resultados impactantes:

Os clientes esperam que a desenvolvedora de software entregue soluções que agreguem valor real ao negócio, ou seja, os sistemas inteligentes devem resolver os problemas reais, melhorar os processos, aumentar a eficiência, impulsionar as vendas e receitas, reduzir custos etc.

O desenvolvedor de software pode agregar valor significativo ao negócio do cliente tanto entendendo profundamente as necessidades do cliente (compreender completamente os objetivos e desafios do cliente através de conversas detalhadas, análise de requisitos, identificação das áreas que precisam de melhorias etc.), quanto entregando soluções customizadas e eficientes (endereçar às necessidades específicas do cliente, na forma de aplicativos, sistemas de gerenciamento ou automação de processos etc.), quanto entregando soluções que melhoram a execução dos processos e a eficiência operacional (otimizar processos internos, reduzir erros e aumentar a eficiência com gerenciamento inteligente de estoque, com melhoria na logística e com redução dos custos).

O desenvolvedor de software pode agregar valor significativo ao negócio do cliente tanto integrando as tecnologias emergentes (IA, análise de dados, Internet das Coisas, "blockchain" etc.) para gerar vantagens competitivas, quanto aumentando a segurança e proteção de dados (criptografia, autenticação e proteção de dados sensíveis), quanto melhorando a manutenção e o suporte técnico (suporte contínuo e rápida correção dos "bugs", criação de pacotes de atualização e oferta de ciclo permanente de treinamento).

O desenvolvedor de software pode agregar valor significativo ao negócio do cliente tanto usando a análise de dados na tomada de decisões (coleta de dados sobre o negócio e análise de dados para decidir sobre as atualizações e evoluções do software), quanto melhorando a experiência do usuário (interfaces intuitivas e agradáveis para os usuários), tanto aumentando a escalabilidade e flexibilidade do sistema inteligente (solução escala conforme o crescimento do negócio), quanto melhorando a colaboração e comunicação ("feedbacks" do cliente e ajustes no software conforme for necessário).

O desenvolvedor de software que compreende as necessidades do cliente cria soluções eficientes, mantém a segurança e oferece suporte contínuo para agregar valor ao negócio do cliente.

Qualidade e Confiabilidade:

Os usuários esperam que os softwares sejam confiáveis, estáveis e livres de erros, ou seja, é preciso ter testes rigorosos, correção de "bugs" e manutenção e atualização contínua.

Para medir o impacto de um software em um negócio é preciso identificar os indicadores-chave de desempenho relevantes, ou seja, aumento de receita, redução dos custos operacionais, redução do tempo de resposta, aumento do nível de satisfação etc.

Para identificar os indicadores-chave de desempenho relevantes é preciso coletar os dados relacionados ao uso do software, por meio de análise de "logs", rastreamento dos usuários, monitoramento das transações etc.

Para avaliar o desempenho e o impacto do software é preciso fazer pesquisas e capturar os "feedbacks" dos usuários. O foco das pesquisas é a coleta de informações junto aos usuários para entender como o software afeta as atividades diárias deles e o foco do "feedback" é a captura do comportamento e necessidades dos usuários.

Para fazer pesquisas e capturar os "feedbacks" dos usuários é preciso comparar o antes e depois da implementação do software, ou seja, comparar os indicadores antes e depois da implementação do software para identificar as mudanças operacionais realizadas e para medir o impacto delas no negócio.

A comparação dos indicadores antes e depois da implementação do software permite o cálculo do Retorno sobre Investimento do software (custos de desenvolvimento, manutenção e suporte em relação aos benefícios obtidos).

A empresa desenvolvedora do software precisa trabalhar com intensidade a viabilidade do indicador Tempo de Resolução de Problemas (avaliação do tempo necessário para resolver os problemas ou para atender a solicitações dos usuários), pois respostas rápidas e acuradas geram impactos positivos no negócio do cliente.

A evolução do indicador Tempo de Resolução de Problemas da empresa desenvolvedora de software habilita o crescimento da Taxa de Conversão e Retenção de Clientes (quantidade de "leads" que viraram clientes e de clientes que continuam usando o software).

O indicador Eficiência Operacional do software revela como o sistema inteligente afeta a eficiência dos processos internos da empresa do cliente (automação de tarefas, redução de erros, economia de tempo etc.).

O indicador Impacto da Inovação permite a visualização de como o software habilita a inovação na empresa do cliente, ou seja, o sistema inteligente facilita tanto a identificação de novas oportunidades de negócios, quanto o aumento da competitividade do cliente.

O indicador "Feedback" dos influenciadores revela o retorno dos principais interessados no software na empresa do cliente (gerentes, funcionários e clientes fornecem "insights" valiosos sobre o impacto do software).

Em diversos casos, a medição do impacto de um software gera um sistema complexo de equações, por isso é preciso definir um conjunto balanceado de métricas relevantes que reflitam os objetivos específicos do negócio.

É preciso que exista uma relação clara de causa e efeito nas métricas do conjunto balanceado, pois a determinação se um software é a causa direta de uma mudança empresarial é complexa.

Existem diversos fatores internos e externos que influenciam os resultados de uma mudança empresarial e nem sempre é possível isolar o impacto do software.

Os indicadores podem sofrer com o fenômeno das lacunas de dados, ou seja, falta de dados ou dados incompletos que dificultam as medições, pois diversos softwares não coletam informações relevantes ou coletam dados que não são consistentes.

A medição do impacto de um software é um fenômeno contínuo, ou seja, o indicador Tempo e Longevidade deve medir o impacto ao longo do tempo, pois os efeitos a longo prazo não são visíveis no curto prazo.

O indicador Viés de Seleção revela se os usuários que forneceram o "feedback" são representativos de todos os usuários, pois uma amostra viciada leva para uma visão distorcida do impacto real.

O indicador Mudanças no Ambiente revela se o ambiente de negócios está em constante mudança, por exemplo, os fatores externos (economia, concorrência, regulamentações etc.) afetam o resultado de uma mudança.

O indicador Intangível e Qualitativo revela se o impacto do software pode ser quantificado, pois alguns benefícios (melhoria da reputação da marca, nível de satisfação do cliente ou inovação) são intangíveis.

O indicador Custos Ocultos revela como os custos de treinamento, manutenção e suporte afetam o retorno sobre o investimento de um software.

O indicador Resistência à Mudança revela se os usuários são resistentes à adoção de sistemas novos, ou seja, como a resistência afeta a eficácia da mudança.

O indicador Comunicação e Alinhamento revela se todas as partes interessadas entenderam os objetivos e as métricas de impacto do software, pois a falta de alinhamento leva para avaliações equivocadas.

O indicador Taxa de Adoção mede a rapidez com que os usuários adotam o software e a taxa de Retenção de Usuários indica se os usuários continuam a usar o software ao longo do tempo.

Resumo

A medição do impacto do software requer uma abordagem holística, considerando fatores técnicos, operacionais e humanos, ou seja, é preciso adaptar as estratégias de medição ao contexto específico do negócio e fazer ajustes na abordagem sempre que for necessário.

As melhores práticas para medir o impacto de um software no negócio estão relacionadas com a definição de objetivos claros (antes de iniciar o projeto, estabeleça objetivos específicos e mensuráveis com metas de desempenho, funcionalidades e resultados), com a identificação de Indicadores-chave de Desempenho (taxa de conversão, tempo de resposta, nível de satisfação do usuário etc.), com a qualidade do software (ausência de "bugs", desempenho, segurança e usabilidade), com a comparação com o orçamento e cronograma (progresso real em relação ao planejado, desvios etc.).

As melhores práticas para medir o impacto de um software no negócio incluem o "feedback" dos usuários e influenciadores, por isso é preciso capturar regularmente o retorno deles, através de pesquisas, entrevistas, análise de dados de uso etc.

As melhores práticas para medir o impacto de um software no negócio incluem a avaliação do Impacto nos processos de negócios para descobrir se o software está melhorando os processos internos, se ele reduziu o tempo de execução de tarefas, se ele aumentou a eficiência etc.

O cálculo do retorno sobre investimento avalia se a redução dos custos, aumento da receita ou eficiência operacional superou o valor investido no projeto.

A avaliação pós-implementação identifica o impacto real do software e pode ser feita pela análise de dados, pela comparação com os objetivos iniciais e pelo "feedback" contínuo.

O sucesso de um projeto de software não está relacionado com a entrega do sistema, ele está relacionado como a aplicação inteligente afeta positivamente o negócio e os usuários.

Experiência do Usuário:

A interface do usuário deve ser intuitiva, fácil de usar e agradável, pois os clientes querem uma experiência fluida e sem complicações nas suas interações com o sistema inteligente.

As melhores práticas que os desenvolvedores devem adotar para entregar uma experiência intuitiva, fácil de usar e agradável para os clientes estão relacionadas com:

- Compreender as necessidades do usuário (entender as necessidades e expectativas dos usuários antes de começar a codificar através de pesquisas, entrevistas, prototipagens, "insights" etc.).

- Projetar centrado no usuário (projeto deve ser orientado para o usuário através da criação de fluxos de trabalho lógicos, da organização das informações de forma clara e da criação de interfaces intuitivas e familiares).

- Criar a usabilidade e adotar testes contínuos (software deve ser testado regularmente com usuários reais para identificar os pontos problemáticos, os erros e as oportunidades de melhoria, tendo em mente que a usabilidade é prioridade).

- Criar ciclo de "feedback iterativo" (capturar o retorno dos usuários para fazer ajustes sempre que for necessário usando o desenvolvimento ágil que permite iterações frequentes para melhorar a experiência).

- Minimizar a complexidade (evitar sobrecarregar os usuários com muitas opções ou funcionalidades complexas).

- Projetar o software inteligente para que ele funcione bem em diferentes dispositivos e em vários tamanhos de tela (computadores, tablets, smartphones etc.).

- Criar retorno visual e resposta rápida, ou seja, resposta visual e rápida para as ações dos usuários (por exemplo, cliques, envio de formulários etc.).

- Desenvolver a acessibilidade do software inteligente, ou seja, criar rótulos descritivos, contraste adequado, teclas de atalho etc. para que as pessoas com restrições visuais, auditivas ou motoras usem o sistema.

- Personalizar o sistema inteligente, ou seja, oferecer opções de personalização sempre que possível, pois os usuários apreciam a capacidade de ajustar as configurações conforme as suas preferências.

- Realizar testes de estresse, desempenho e usabilidade para avaliar o desempenho do software, pois um aplicativo lento ou que trava frustra os usuários.

A experiência do usuário é uma jornada contínua, portanto, os desenvolvedores devem estar dispostos a aprender, adaptar e melhorar constantemente o software para oferecer uma experiência excepcional aos clientes.

Referências:

https://www.attri.com.br/blog/processo-de-desenvolvimento-de-software/, Processo de desenvolvimento de software: conheça as etapas, acessado em 13/05/2024.

https://blog.csptecnologia.com/experiencia-do-usuario-no-desenvolvimento-de-software/, Experiência do usuário no desenvolvimento de software, acessado em 13/05/2024.

Segurança:

A segurança e privacidade dos dados do software inteligente são atributos de elevada prioridade, pois os usuários esperam que o sistema seja protegido contra ameaças (invasões, vazamento de dados, ataques maliciosos etc.).

Para garantir que o sistema seja protegido contra ameaças, os desenvolvedores devem seguir as melhores práticas de cibersegurança.

Secure Software Development Lifecycle (SSDLC):

1. Ciclo de vida do desenvolvimento de software seguro é um processo que integra as práticas de segurança em todas as fases do ciclo de vida do desenvolvimento de um software (concepção, implantação e manutenção) para mapear e mitigar as ameaças desde o início do desenvolvimento.

Tipos de ataques cibernéticos:

Os desenvolvedores dos sistemas inteligentes devem conhecer em detalhes os tipos comuns de ataques cibernéticos (injeção de SQL, cross-site scripting, ataques de força bruta etc.) para que eles desenvolvam medidas protetivas específicas.

2. Validar e sanitizar as entradas:

Sempre valide e sanitize as entradas do usuário, pois esta prática ajuda na prevenção de ataques cibernéticos como a injeção de código malicioso.

3. Gerenciar as dependências e componentes:

Verifique regularmente as dependências e as bibliotecas de terceiros usadas no desenvolvimento do sistema inteligente. É preciso que elas sejam atualizadas continuamente para evitar as vulnerabilidades conhecidas.

4. Criar autenticação e autorização fortes:

Implemente um mecanismo de autenticação robusto e de autorização forte, usando métodos seguros de autenticação (OAuth, JSON Web Token etc.).

5. Usar criptografia forte:

Proteja os dados sensíveis com criptografia forte (dados em trânsito e dados em repouso).

6. Fazer testes de segurança:

Realize testes regulares de segurança (testes de penetração, análise estática de código etc.) para identificar as vulnerabilidades.

7. Fazer monitoramento contínuo:

Implemente o monitoramento inteligente de segurança para detectar as atividades suspeitas ou intrusões.

8. Criar política de atualizações e de instalação de patches:

Mantenha o sistema inteligente atualizado com as últimas correções de segurança (atualizações do sistema operacional, das bibliotecas e dos componentes).

9. Treinar e conscientizar os desenvolvedores e usuários:

Eduque os desenvolvedores e usuários sobre as melhores práticas de segurança, pois a conscientização é fundamental para evitar erros comuns.

A segurança cibernética é uma responsabilidade compartilhada, ou seja, os desenvolvedores e usuários devem trabalhar em conjunto com especialistas em segurança para garantir que o sistema inteligente esteja protegido contra as ameaças.

Referências:

https://www.dio.me/articles/ciberseguranca-no-mundo-dev-e-desenvolvimentos-mais-seguros, Cibersegurança para desenvolvedores e aspirantes, acessado em 13/05/2024.

https://secureway.com.br/desenvolvimento-de-software-seguro-o-que-e-e-como-auxilia-na-protecao-da-sua-empresa/, Desenvolvimento de software seguro: O que é e como auxilia na proteção da sua empresa, acessado em 13/05/2024.

https://rocketcode.com.br/blog/como-garantir-a-seguranca-e-a-confiabilidade-de-software/, Como garantir a segurança e a confiabilidade de software, acessado em 13/05/2024.

Escalabilidade:

À medida que os negócios crescem, o sistema inteligente deve ser capaz de escalar para atender a demanda crescente, pois os clientes esperam que o desempenho do software não seja um obstáculo para o negócio.

O desenvolvimento de um software é um processo que envolve várias etapas para criar um produto funcional e atender às necessidades dos clientes, por isso é importante adotar as melhores práticas do mercado para garantir que o sistema seja escalável e flexível.

1. Compreender as necessidades dos clientes:

Antes de começar a escrever código, é crucial entender completamente as necessidades e objetivos do cliente através de reuniões, entrevistas e análise detalhada dos requisitos.

2. Planejar a arquitetura:

Escolha uma arquitetura de sistema inteligente que permita a escalabilidade (tecnologia, estrutura do banco de dados e projeto dos componentes).

3. Dividir o sistema inteligente em módulos:

Divida o software inteligente em módulos independentes, para facilitar a manutenção, atualização e escalabilidade de cada um dos componentes do aplicativo.

4. Usar padrões de projeto:

Use padrões de projeto como Model–View–Controller (MVC), Microservices para criar uma base para o software e para facilitar a escalabilidade.

5. Usar um banco de dados escalável:

Escolha um banco de dados que possa escalar horizontalmente à medida que o volume de dados aumenta (banco de dados NoSQL, soluções em nuvem etc.).

6. Fazer testes automatizados:

Implemente testes automatizados desde o início, pois eles ajudam na identificação de problemas antes que o software seja implantado e permitem ajustes conforme o necessário.

7. Fazer monitoramento contínuo:

Implemente a funcionalidade de monitoramento de desempenho, para identificar os gargalos e problemas à medida que o sistema inteligente é usado.

8. Fazer documentação detalhada:

Documente com rigor e acuracidade o código, a arquitetura e os processos para facilitar a manutenção e a escalabilidade futura.

9. Ter pensamento de longo prazo:

Estabeleça um estratagema para que o sistema inteligente evolua ao longo do tempo, ou seja, planeje o futuro, nas fases iniciais do desenvolvimento.

10. Ter "feedback" contínuo dos clientes:

Estabeleça um canal de comunicação efetivo com os clientes, para que o sistema inteligente seja adaptado, conforme as necessidades mudam.

A escalabilidade não é apenas sobre lidar com mais usuários, ela é sobre a capacidade do sistema inteligente de se adaptar em relação às mudanças e de crescer com o negócio.

Referências:

https://becode.com.br/etapas-de-um-projeto-de-software/, As 6 etapas fundamentais de um projeto de software, acessado em 13/05/2024.

https://blog.northern.com.br/desenvolvimento-de-software/, Desenvolvimento de software: todas as etapas do processo, acessado em 13/05/2024.

Desempenho:

Para otimizar o desempenho do sistema inteligente e lidar com os picos de tráfego, é preciso adotar as melhores práticas de desempenho de um software:

1. Fazer análise profunda do desempenho:

Antes de iniciar o processo de otimização, é preciso fazer uma análise detalhada do desempenho do sistema inteligente e identificar os gargalos e as áreas de melhoria.

2. Fazer otimização de imagens e recursos gráficos:

Reduza o tamanho das imagens e utilize formatos otimizados para melhorar o tempo de carregamento.

3. Usar um cache inteligente:

Implemente estratégias de cache para armazenar os dados frequentemente acessados e reduzir a carga do servidor.

4. Otimizar as consultas ao banco de dados:

Ajuste as consultas ao banco de dados para que elas sejam mais eficientes usando índices e evite fazer consultas complexas.

5. Criar um estratagema de carregamento assíncrono:

Carregue os recursos assincronamente para evitar bloqueios na interface do usuário.

1. Fazer testes de desempenho contínuos:

Realize os testes de carga simulando os picos de tráfego para garantir que o sistema inteligente seja capaz de lidar com um grande volume de usuários simultâneos.

2. Otimizar a app store:

Otimize a descrição, as palavras-chaves e as imagens do aplicativo na loja de aplicativos para melhorar a visibilidade e o "download".

3. Gerenciar as avaliações e os comentários:

Monitore as avaliações e os "feedbacks" dos usuários, responda os comentários e use os retornos para fazer as melhorias contínuas.

A otimização é um processo contínuo, ou seja, é preciso acompanhar o desempenho regularmente e estar preparado para ajustar o sistema inteligente sempre que for necessário.

Referências:

https://rankmyapp.com/pt-br/otimizacao-de-aplicativos-melhorar-resultados/, 13 dicas de otimização de aplicativos para melhorar seus resultados, acessado em 13/05/2024.

https://www.attri.com.br/blog/otimizacao-de-sites-e-aplicativos-garanta-mais-desempenho/, Otimização de sites e aplicativos: garanta mais desempenho, acessado em 13/05/2024.

https://uxcam.com/br/blog/kpis-de-aplicativos/, KPIs de Aplicativos: Top 51 métricas para medir performance do seu app, acessado em 13/05/2024.

Inovação e Atualização Contínua:

Os clientes dos sistemas inteligentes desejam fornecedores que estejam atualizados com as tendências tecnológicas e ofereçam soluções inovadoras, por isso, os desenvolvedores precisam adotar as tecnologias novas e melhorar continuamente o aplicativo.

As melhores práticas relacionadas com a inovação e atualização contínua de um sistema inteligente estão relacionadas com as seguintes técnicas.

"Changelog":

O "changelog" é um índice de mudanças de um sistema inteligente, que registra todas as alterações feitas em uma versão específica para documentar todas as mudanças no código e para entender o histórico de cada versão e para facilitar a colaboração entre equipes.

Atualização profissional:

O desenvolvedor deve manter-se atualizado com as últimas tendências e tecnologias em desenvolvimento de software (novas linguagens, frameworks, melhores práticas etc.), pois a inovação muitas vezes vem do entendimento das últimas novidades.

Flexibilidade no gerenciamento de projetos:

Cada projeto é único e exige uma metodologia diferente, por isso, é preciso ser flexível e adaptar-se às necessidades do usuário para criar e entregar soluções inteligentes e inovadoras.

Implementação e implantação:

Crie um estratagema efetivo para implantar os sistemas inteligentes novos ou as atualizações que garanta que a transição para o ambiente de produção seja tranquila.

Aprendizado contínuo:

Aprenda constantemente participando de cursos, conferências, "workshops", comunidade de desenvolvedores etc. e aplique os conhecimentos novos no trabalho.

A inovação acontece por meio de grandes mudanças, e via pequenos ajustes e melhoria contínua, por isso, é preciso explorar e experimentar as abordagens novas.

Referências:

https://www.alura.com.br/artigos/changelog-guia-desenvolvedor-alteracoes-software, Changelog: o guia do desenvolvedor para documentar e compreender alterações de software, acessado em 13/05/2024.

https://blog.cronapp.io/5-boas-praticas-para-monitorar-e-gerenciar-o-desenvolvimento-de-softwares/, 5 boas práticas para monitorar e gerenciar o desenvolvimento de softwares, acessado em 13/05/2024.

https://izap.com.br/blog/desenvolvimento-de-softwares-e-sua-importancia-para-as-empresas/, Desenvolvimento de softwares e sua importância para as empresas, acessado em 13/05/2024.

Suporte Técnico e Manutenção:

Os clientes esperam que a desenvolvedora de software inteligente forneça suporte técnico eficiente, resolva rapidamente os problemas e responda prontamente as dúvidas.

A oferta de um suporte técnico eficiente pelo desenvolvedor de software é essencial para garantir a satisfação dos usuários e a qualidade do produto, por isso, o desenvolvedor deve adotar as melhores práticas do suporte ágil e responsivo.

Conhecer bem os seus clientes:

Entenda as necessidades e expectativas dos usuários para oferecer soluções direcionadas e relevantes e mantenha um registro das interações com os clientes para endereçar as preferências e avaliar o histórico de problemas.

Comunicar-se de forma clara e eficaz:

Use linguagem simples e direta para responder as dúvidas ou para resolver os problemas e evite jargões técnicos que possam confundir os usuários.

Oferecer suporte técnico ágil:

Resolva rapidamente os problemas e responda prontamente as dúvidas dos usuários, pois o tempo de resposta é crucial para a satisfação do cliente (considere ter um sistema inteligente para gerenciar as solicitações de suporte de forma organizada e eficiente).

Conhecer os sistemas utilizados:

Tenha um amplo conhecimento sobre o seu próprio software e sistemas relacionados para identificar os problemas rapidamente e para oferecer soluções precisas.

Automatizar o suporte:

Utilize ferramentas de automação para responder as perguntas frequentes e para realizar diagnósticos preliminares, pois isto libera a equipe de suporte para resolver os problemas mais complexos e urgentes.

O suporte técnico não se trata apenas de resolver problemas, pois é preciso construir relacionamentos positivos com os usuários, ou seja, o suporte deve ser proativo, empático e sempre disposto a ajudar.

Referências:

https://www.devmedia.com.br/metodos-ageis-processo-agil-e-ferramentas-de-suporte/29992, Métodos Ágeis: Processo Ágil e Ferramentas de Suporte, acessado em 13/05/2024.

https://www.ituniverse.com.br/noticias/suporte-tecnico-tudo-que-voce-precisa-saber/, Suporte Técnico: tudo que você precisa saber, acessado em 13/05/2024.

Para lidar com os clientes insatisfeitos e melhorar o nível de satisfação do cliente e da reputação da empresa, é preciso tanto praticar a escuta ativa (empresa não sobrevive sem o cliente, ou seja, escute o que o cliente tem a dizer com atenção e permita que ele fale livremente sem interrupções), quanto pedir desculpas com sinceridade e demonstrar que entende a frustração do cliente (um pedido de desculpas pode acalmar o consumidor e o fazer escolher novamente a sua empresa), quanto oferecer soluções quando o cliente estiver mais calmo (mostre que existe uma maneira de resolver o problema perguntando ao cliente o que ele deseja para que suas expectativas sejam atendidas).

Para lidar com os clientes insatisfeitos e melhorar o nível de satisfação do cliente e da reputação da empresa, é preciso tanto manter um canal de comunicação aberto para receber as reclamações e responder prontamente (agilidade nas respostas ou nos prazos para retorno), quanto reavaliar os processos e investir em qualidade (identificar onde a empresa está falhando, tomar medidas para melhorar e agradecer pelas críticas e "feedbacks" honestos, pois eles são essenciais para o sucesso da empresa).

A insatisfação do cliente é uma oportunidade para aprender e melhorar, por isso trate cada reclamação como uma chance de reconquistar o cliente e fortalecer o relacionamento.

Resumo

Para evitar que os clientes fiquem insatisfeitos, é importante adotar as melhores práticas que valorizem a experiência do cliente e promovam a satisfação contínua, ou seja, (i) mantenha um canal de comunicação aberto (esteja disponível para receber reclamações e dúvidas dos clientes e responda prontamente e indique prazos para retorno), (ii) reavalie os processos e invista em qualidade (avalie constantemente os processos internos e invista na gestão de contratos e melhoria contínua das entregas), (iii) conheça bem os clientes (entenda as necessidades individuais de cada cliente e personalize o atendimento e ofereça soluções direcionadas), (iv) solicite "feedbacks" (peça aos clientes que compartilhem suas experiências e sugestões e use esses "feedbacks" nas entregas), (v) adote tecnologias adequadas e atualizadas (utilize ferramentas inteligentes para gerenciar o relacionamento com os clientes e automatizar os processos).

Para melhorar o nível de satisfação dos clientes é preciso fazer um esforço contínuo, por isso, valorize todas as interações, aprenda com as experiências e faça ajustes conforme for necessário.

Referências:

https://sebrae.com.br/sites/PortalSebrae/artigos/como-lidar-com-um-cliente-insatisfeito,575d002e76136810VgnVCM1000001b00320aRCRD, Como lidar com um cliente insatisfeito, acessado em 13/05/2024.

https://www.totvs.com/blog/gestao-de-servicos/cliente-insatisfeito/, Como agir com clientes insatisfeitos e melhorar sua prestação de serviços, acessado em 13/05/2024.

https://ciriusquality.com.br/clientes-insatisfeitos/, ESTRATÉGIAS PARA IDENTIFICAR E LIDAR COM CLIENTES INSATISFEITOS, acessado em 13/05/2024.

https://conteudo.movidesk.com/cliente-insatisfeito/, Guia completo para lidar com o cliente insatisfeito e reverter a situação!, acessado em 13/05/2024.

https://hotmart.com/pt-br/blog/lidar-com-cliente-insatisfeito, Como lidar com um cliente insatisfeito? 17 dicas para aprender a usar as críticas a seu favor!, acessado em 13/05/2024.

https://www.zendesk.com.br/blog/cliente-insatisfeito/, Como lidar com um cliente insatisfeito? 7 dicas + guia para evitar que isso aconteça!, acessado em 13/05/2024.

https://fieldcontrol.com.br/blog/clientes-insatisfeitos/, Clientes insatisfeitos: Como lidar com essa situação, acessado em 13/05/2024.

Transparência e Comunicação:

Os clientes querem saber sobre o progresso do projeto (prazo de entrega, desafios que devem ser superados e impacto na operação), por isso a comunicação clara e transparente é essencial para a indústria de software inteligente.

O desenvolvedor de software deve adotar as seguintes melhores práticas de comunicação eficaz, clara e transparente com os clientes para garantir o sucesso do projeto.

1. Entender o problema do usuário:

Antes de iniciar o desenvolvimento, é preciso compreender claramente o problema que o software deve resolver, por isso, é preciso fazer uma análise de requisitos detalhada, utilizando técnicas como entrevistas, questionários, prototipação e validação dos requisitos com o usuário para garantir que o software enderece as expectativas e necessidades do cliente.

2. Definir o escopo de forma clara e objetiva:

Após entender o real problema do usuário, é preciso definir um escopo realista para o projeto com funcionalidades que serão incluídas e com critérios de aceitação que devem ser atendidos.

3. Comunicar de forma clara e precisa:

Articule as ideias e soluções técnicas de maneira simples e compreensível e evite usar jargões técnicos ao se comunicar com clientes.

4. Validar os requisitos com o usuário:

Mantenha um canal de comunicação aberto com o cliente para validar os requisitos durante todo o processo de desenvolvimento para garantir que o software atenda todas as expectativas.

5. Ser transparente sobre limitações e desafios:

Comunique com clareza todas as limitações ou desafios que possam impactar o projeto, explicando as decisões tomadas e envolva o cliente nas discussões sobre soluções alternativas.

A comunicação é uma via de mão dupla, por isso, escute o cliente, faça perguntas claras e informe regularmente as atualizações para ter um sistema de comunicação eficaz que contribui para o sucesso do projeto e aumento do nível de satisfação do cliente.

Referências:

https://portaldacomunicacao.com.br/2021/10/comunicacao-do-nubank/, "Linguagem clara e transparente é sempre o melhor caminho", acessado em 13/05/2024.

https://www.devmedia.com.br/artigo-engenharia-de-software-24-a-comunicacao-no-processo-de-software/16807, A Comunicação no Processo de Software, acessado em 13/05/2024.

Conclusão

A desenvolvedora de software inteligente deve equilibrar as habilidades técnicas com uma compreensão profunda das necessidades dos clientes e do contexto do negócio, para que ela entregue uma solução que faça a diferença e enderece todas as expectativas dos usuários.

Suporte Inteligente Centrado no Conhecimento

A combinação entre a base de conhecimento e a Inteligência Artificial é poderosa, pois ela impulsiona a eficiência e a capacidade de resposta do suporte e da gestão do conhecimento em diversas dimensões.

Criação e organização do conteúdo:

O uso de um software inteligente de base de conhecimento permite criar, organizar e compartilhar o conteúdo facilmente, pois os agentes e as equipes operacionais podem colaborar ativamente e um assistente virtual pode responder as perguntas.

Criação de conteúdo simples e confiável:

O conteúdo da base de conhecimento deve ser claro e confiável e com acesso permitido apenas para grupos específicos.

Acompanhamento da evolução do conteúdo:

É preciso entender como o conteúdo evolui ao longo do tempo e realizar atualizações para preservar a integridade do conhecimento.

Medição e aprimoramento da efetividade do conteúdo:

É preciso identificar nos relatórios integrados o que os usuários estão procurando e se eles encontraram as respostas certas para descobrir as lacunas no conteúdo e para criar conteúdos novos sempre que for necessário.

Gamificação do conteúdo:

Usar a tecnologia cognitiva e a análise de conteúdo inteligente para desenvolver recursos de monitoramento, para recomendar conteúdos novos e para gerar alertas de sistema.

O assistente virtual inteligente ligado à base de conhecimento é o responsável pelo fornecimento de informações rápidas e precisas para os usuários.

Gestão inteligente do conhecimento:

A inteligência artificial é capaz de consultar informações específicas dentro da base de conhecimento e automatizar o autoatendimento, ou seja, processos bem documentados e boa gestão do conhecimento permitem a maximização da efetividade do suporte inteligente.

A inteligência artificial está revolucionando o formato do suporte centrado no conhecimento e em como ele é criado, organizado e compartilhado.

Referências:

https://beedoo.com.br/2019/05/crie-uma-base-de-conhecimento-com-inteligencia-artificial/, Crie uma Base de Conhecimento com Inteligência Artificial, acessado em 13/05/2024.

https://deskmanager.com.br/blog/gestao-de-conhecimento-ia/, Gestão de conhecimento: quando e como utilizar a Inteligência Artificial, acessado em 13/05/2024.

O suporte inteligente centrado no conhecimento é o resultado da combinação da inteligência artificial e da gestão efetiva do conhecimento cujo objetivo é o aprimoramento do atendimento ao cliente e a otimização dos processos.

O Knowledge Centered Support (KCS) é uma abordagem usada para evoluir o atendimento aos usuários através da melhoria da interação entre os clientes e os serviços técnicos, pois ele enfatiza o conhecimento como um ativo crítico que é capaz de gerar valor agregado para a organização e de alavancar o resultado operacional da firma.

Quando um problema é resolvido, o conhecimento gerado é armazenado na documentação técnica, tornando-o acessível para todos, pois o KCS tem como objetivo a transmissão do conhecimento de forma simples e democrática para permitir que os clientes encontrem respostas por conta própria.

A combinação da inteligência artificial com a base de conhecimento (KCS inteligente) permite a otimização dos processos de suporte e a melhoria da eficiência da central de atendimento.

A IA permite a automação inteligente das tarefas de gerenciamento da base de conhecimento, pois ela é capaz tanto de identificar conteúdos desatualizados ou duplicados, quanto de sugerir atualizações, quanto de habilitar "chatbots" que interagem com os usuários e fornecem respostas rápidas e precisas.

Os algoritmos de IA habilitam a "busca aprimorada", que melhora a funcionalidade de busca na base de conhecimento. Os algoritmos entendem as consultas complexas e retornam com resultados relevantes.

A inteligência artificial é capaz de aprender com o comportamento do usuário e de ajustar os resultados de uma busca com base nas preferências e histórico de navegação.

Com base no padrão de uso do cliente (consultas anteriores), a IA personaliza a experiência do usuário e recomenda conteúdos relevantes.

O resultado é um aumento da efetividade das buscas, pois os usuários encontram informações relevantes rapidamente.

A IA é capaz de monitorar a base de conhecimento em busca de problemas (links quebrados ou informações desatualizadas) e de alertar os administradores sobre os conteúdos que precisam de revisão ou atualização, ou seja, manutenção proativa da base de conhecimento.

Os algoritmos do suporte inteligente centrado no conhecimento analisam o "feedback" dos usuários e aprendem com ele para melhorar continuamente a qualidade do conteúdo na base de conhecimento, ou seja, aprendizado contínuo.

A integração da IA com a base de conhecimento cria uma abordagem inteligente para gerenciar informações, melhorar o suporte ao cliente e aumentar a produtividade das equipes de atendimento.

Referências:

https://www.totvs.com/blog/negocios/metodologia-kcs/, KCS (Knowledge Centered Support): o que é, como aplicar e quais os benefícios!, acessado em 13/05/2024.

https://www.impacta.com.br/blog/metodologia-kcs-suporte-centrado-conhecimento/, Metodologia KCS: a importância do suporte centrado no conhecimento, acessado em 13/05/2024.

O suporte inteligente centrado no conhecimento automatiza tarefas rotineiras (triagem de solicitações, resolução de problemas comuns etc.) liberando os agentes humanos da central de suporte para lidar com os problemas mais complexos, pois o sistema inteligente responde e soluciona os problemas dos usuários a qualquer hora e em qualquer dia da semana.

O suporte inteligente centrado no conhecimento fornece informações relevantes para os agentes da central de atendimento (contextualização da demanda) permitindo a entrega de soluções personalizadas e ágeis.

O suporte inteligente centrado no conhecimento identifica as tendências e padrões nos "tickets" de suporte para (i) prevenir problemas recorrentes, (ii) tomar medidas proativas para evitar ou reduzir os erros humanos, (iii) melhorar a acuracidade das respostas, (iv) evoluir a qualidade do suporte, (v) personalizar a experiência do cliente com base no histórico de interações e (vi) criar uma experiência relevante e satisfatória.

Em outras palavras, o suporte inteligente centrado no conhecimento é uma ferramenta poderosa para otimizar processos, melhorar a eficiência e proporcionar um atendimento excepcional para os clientes.

A integração das ferramentas de inteligência artificial com a base de conhecimento tanto permite o entendimento dos principais desafios enfrentados pelos clientes, quanto permite a criação de filtros de informações para direcionar o cliente para o conteúdo mais adequado ou para o agente humano mais preparado para resolver o problema.

Em resumo, a combinação de KCS e IA oferece um suporte eficiente, personalizado e disponível 24/7, melhorando a experiência do cliente e capacitando os agentes humanos para fornecer soluções relevantes e ágeis.

Referências:

https://www.alctel.com.br/inteligencia-artificial-no-call-center/, Como a inteligência artificial pode ser utilizada no contact center?, acessado em 13/05/2024.

https://www.zendesk.com.br/blog/inteligencia-artificial-e-help-desk/, Inteligência artificial e help desk: como potencializar o suporte?, acessado em 13/05/2024.

https://www.zendesk.com.br/blog/beneficios-ai-suporte-tecnico/, Benefícios da AI no suporte técnico: como ela transforma o atendimento?, acessado em 13/05/2024.

A integração da inteligência artificial com as bases de conhecimento melhora a qualidade das informações, evita redundâncias, permite análise cruzada para identificar desvios e tendências, oferece respostas mais ricas e contextuais, amplia a capacidade analítica em escala inimaginável, prevê tendências, toma ações rápidas e precisas, explora as oportunidades etc.

Os agentes automatizados com interfaces em linguagem natural respondem as perguntas, coordenam sequências de atividades não previamente programadas e definem dinamicamente as tarefas necessárias para atender aos objetivos dos usuários.

Ou seja, o suporte inteligente centrado no conhecimento não apenas prevê o futuro, ele projeta o futuro criando uma jornada de transformação em que as possibilidades são infinitas.

Para integrar as bases de conhecimento com a inteligência artificial e otimizar o suporte ao cliente, melhorar a eficiência etc. é preciso adotar as seguintes melhores práticas.

1. Implementar a tecnologia de IA:

Adotar as tecnologias de inteligência artificial relevantes para a sua base de conhecimento ao mesmo tempo em que capacita os profissionais de suporte para trabalhar com problemas complexos.

2. Processamento de linguagem Natural:

O processamento em linguagem natural é essencial para a pesquisa, compreensão de consultas e recomendações de conteúdo, pois ele permite que a IA entenda a linguagem humana e forneça respostas relevantes.

3. "Chatbots" e assistentes virtuais:

A integração dos "chatbots" e assistentes virtuais com a base de conhecimento favorece a interação da central com os usuários, pois é possível entregar respostas rápidas e precisas.

4. Monitoramento e melhoria contínua:

É preciso acompanhar o desempenho da inteligência artificial continuamente e fazer ajustes conforme for necessário através da análise do "feedback" dos usuários e do aprimoramento da qualidade do conteúdo.

5. Integração com o fluxo de trabalho:

A integração do suporte inteligente centrado no conhecimento com o fluxo de trabalho existente garante que a IA seja usada de maneira eficiente e alinhada com os processos da organização.

A integração da inteligência artificial com a base de conhecimento é uma jornada contínua onde é possível explorar as possibilidades e é necessário adaptar a solução em relação à evolução contínua das necessidades.

Referências:

https://beedoo.com.br/2019/05/crie-uma-base-de-conhecimento-com-inteligencia-artificial/, Crie uma Base de Conhecimento com Inteligência Artificial, acessado em 13/05/2024.

https://www.liveagent.com.br/glossario/gestao-do-conhecimento-com-ia/, O que é gestão do conhecimento com IA?, acessão em 13/05/2024.

https://www.visor.ai/pt-pt/blog/base-de-conhecimento-de-ia/, 5 Dicas para Ter uma Base de Conhecimento de IA Eficaz, acessado em 13/05/2024.

Mercado dos sistemas inteligentes

As empresas usuárias de software vêm demostrando um grande interesse em investir em softwares inteligentes, pois elas já perceberam que a IA gera valor agregado para o negócio.

Durante a pandemia do novo coronavírus, muitas empresas de todos os portes investiram fortemente na transformação digital para ganhar novos mercados e para sobreviver no seu mercado alvo.

Existem pesquisas que afirmam que mais de 40% das empresas no Brasil usam a inteligência artificial nas suas operações comerciais e mais de 30% estão pesquisando como explorar as oportunidades geradas pelo uso de sistemas inteligentes.

Ou seja, desde o começo do ano de 2023, mais de 70% das empresas brasileiras estão acelerando os seus investimentos nas tecnologias inteligentes.

Diversas empresas no Brasil já perceberam que é preciso implementar uma estratégia de gerenciamento de dados antes de adotar um sistema inteligente (necessidade de garantir a segurança das informações).

As pesquisas revelaram também que os executivos com poder de decisão para comprar software pretendem aumentar em 2024 o investimento em sistemas inteligentes em relação ao ano de 2023.

Referências

https://www.ibm.com/blogs/ibm-comunica/estudo-ibm-41-das-empresas-no-brasil-ja-implementaram-ativamente-inteligencia-artificial-em-seus-negocios/, Estudo IBM: 41% das empresas no Brasil já implementaram ativamente Inteligência Artificial em seus negócios, acessado em 13/05/2024.

https://itforum.com.br/noticias/empresas-investir-software-2024/, Empresas vão investir mais em software em 2024, indica estudo, acessado em 13/05/2024.

As pesquisas revelam que o mercado consumidor de sistemas inteligentes no Brasil está em um forte ciclo de crescimento nos seguintes segmentos de mercado:

Automação Doméstica Inteligente. O mercado de equipamentos para automação doméstica está em forte ascensão, em especial, o mercado de casa inteligente deve praticamente dobrar no Brasil nos próximos anos.

Cidades Inteligentes. As projeções do uso de recursos tecnológicos para melhorar a qualidade de vida da população no Brasil apontam para um crescimento anual acima de 20% nos próximos anos.

Tecnologia de Informações e Comunicações. Os institutos de pesquisa acreditam que o investimento em inteligência artificial ultrapasse a casa de US$ 1 bilhão entre 2023 e 2025, ou seja, taxa de crescimento acima de 30% ao ano.

Referências:

https://revistacasaejardim.globo.com/Casa-e-Jardim/Casa-Conectada/noticia/2021/11/estudos-apontam-tendencias-de-consumo-para-aparelhos-domesticos-smart.html, Estudos apontam tendências de consumo para aparelhos domésticos smart. O mercado da automação residencial cresceu 21% em relação a 2020. Saiba o que esperar do crescimento tecnológico e o comportamento humano para os próximos anos, acessado em 13/05/2024.

https://www.trendsce.com.br/2023/01/18/smart-home-no-brasil-deve-crescer-9106-ate-2026/, Smart home no Brasil deve crescer 91,06% até 2026, acessado em 13/05/2024.

O mercado de sistemas inteligentes no agronegócio brasileiro está em um ciclo de forte crescimento, pois a inovação e as soluções efetivas da IA estão resolvendo diversos desafios enfrentados pelos produtores rurais, pelas empresas de logística, pelos exportadores etc.

Para navegar no oceano azul do agronegócio, as empresas desenvolvedoras de sistemas inteligentes precisam superar os desafios relacionados com a escalabilidade do software e com a retenção dos profissionais qualificados.

O crescente uso de tecnologias sustentáveis no agronegócio brasileiro otimiza a produção agrícola e habilita uma logística mais ágil e eficaz.

Referências:

https://www.agrolink.com.br/noticias/10-agtechs-para--transformar-o-agronegocio-brasileiro--em-2024_487895.html, 10 Agtechs para "Transformar o Agronegócio Brasileiro" em 2024, acessado em 13/05/2024.

https://blog.docket.com.br/inteligencia-artificial-no-agronegocio/, Inteligência artificial no agronegócio: 5 tendências para 2024, acessado em 13/05/2024.

https://rehagro.com.br/blog/inteligencia-artificial-no-agronegocio/, A inteligência artificial (IA) já chegou ao agronegócio, acessado em 13/05/2024.

O agronegócio brasileiro usa os sistemas inteligentes para otimizar os processos, aumentar a produtividade e melhorar a efetividade, ou seja, soluções para o monitoramento de propriedades, controle de pragas, gestão agrícola, venda de itens agropecuários (plataforma que reúne a oferta e demanda de produtos agrícolas) etc.

Referências:

https://www.embrapa.br/busca-de-publicacoes/-/publicacao/924572/tecnologia-da-informacao-no-agronegocio, Tecnologia da informação no agronegócio, acessado em 13/05/2024.

https://www.senior.com.br/blog/agronegocio-a-inteligencia-artificial-ia-no-agro, Agronegócio: a inteligência artificial no agro, acessado em 13/05/2024.

https://revistapegn.globo.com/Startups/noticia/2021/06/investimento-nas-agtechs-startups-do-agronegocio-ultrapassa-us-160-milhoes-no-brasil.html, Investimento nas Agtechs, as startups do agronegócio ultrapassa US$ 160 milhões no Brasil, acessado em 13/05/2024.

O mercado de sistemas inteligentes no varejo brasileiro está passando por uma transformação digital significativa, impulsionada pela concorrência internacional, pelo aumento da disponibilidade dos recursos tecnológicos, pela necessidade de crescimento da efetividade operacional etc.

Foi revelado que o faturamento da Shein no Brasil é maior que o dobro da soma do Gross Merchandise Volume da C&A, Renner, Arezzo e Hering. Fonte: Shein e Shopee faturaram juntas mais de R$ 35 bilhões no Brasil em 2023, estima BTG, https://www1.folha.uol.com.br/mercado/2024/04/shein-e-shopee-faturaram-juntas-mais-de-r-35-bilhoes-no-brasil-em-2023-estima-btg.shtml, acessado em 13/05/2024.

O varejo 4.0 é o resultado da evolução do varejo habilitada pela transformação digital, ou seja, as empresas estão usando a tecnologia para criar um diferencial competitivo, para evoluir o ambiente de negócio e para entregar uma nova proposta de valor.

O mercado brasileiro do varejo inteligente vem crescendo fortemente desde o início da pandemia do novo coronavírus, ou seja, depois de 2020, surgiu no

Brasil um novo varejo que é capaz de fazer rápidas adaptações em relação às mudanças e inovações na produção e no consumo.

Foi revelado que o presidente da Arezzo&Co, Alexandre Birman, afirmou que tem um projeto que é o projeto Shein. Fonte: Shein e Shopee faturaram juntas mais de R$ 35 bilhões no Brasil em 2023, estima BTG, https://www1.folha.uol.com.br/mercado/2024/04/shein-e-shopee-faturaram-juntas-mais-de-r-35-bilhoes-no-brasil-em-2023-estima-btg.shtml, acessado em 13/05/2024.

Em 2024, as empresas do varejo entendem que a forma de vender e comprar mudou e a participação do comércio eletrônico no faturamento do varejo cresceu exponencialmente na segunda década do século XXI.

No varejo digital, as empresas usam as tecnologias tanto para melhorar serviços, quanto para coletar informações dos clientes, quanto para ampliar a sua capacidade de vender e comprar, quanto para integrar os vários canais de venda, quanto para utilizar os dados para tomar decisões.

Com o devido consentimento dos clientes, o varejo coleta os dados para analisar continuamente os hábitos de consumo e para atender as demandas de evolução da estratégia operacional (automatização dos processos, análise preditiva e estratégias baseadas em dados).

O varejo brasileiro está adotando com intensidade os sistemas inteligentes para melhorar a experiência do cliente, para otimizar os processos e para se manter competitivo no cenário de aumento da concorrência.

Referências:

https://www.totvs.com/blog/gestao-varejista/varejo-4-0/, Quais as principais tecnologias presentes no varejo 4.0?, acessado em 13/05/2024.

https://institutopropague.org/pagamentos/carta-varejo-inteligente-convertendo-informacoes-e-tecnologia-em-vendas/, Varejo inteligente: convertendo informações e tecnologia em vendas, acessado em 13/05/2024.

https://weni.ai/blog/inteligencia-artificial-no-varejo/, Inteligência artificial no varejo: aplicações e tendências, acessado em 13/05/2024.

https://inovativos.com.br/varejo-inteligente/, Já ouviu falar do varejo inteligente ou smart retail?, acessado em 13/05/2024.

https://sebrae.com.br/sites/PortalSebrae/artigos/uso-da-tecnologia-vai-aquecer-o-varejo-em-2023,a2d85902a8517810VgnVCM1000001b00320aRCRD, Uso da tecnologia vai aquecer o varejo em 2023. A tecnologia terá papel fundamental no crescimento do varejo brasileiro em 2023, com destaque para ferramentas de gestão e soluções Omnichannel, acessado em 13/05/2024.

Repetindo: "O varejo brasileiro vem adotando fortemente os sistemas inteligentes para otimizar os processos, para melhorar a experiência do cliente e para se manter competitivo".

Na automação dos processos, a inteligência artificial está sendo usada para automatizar as tarefas repetitivas e demoradas (gerenciamento do estoque, processamento de pedidos e logística, gestão dos centros de distribuição etc.).

No atendimento aos clientes, os "chatbots" baseados em IA estão sendo utilizados para ajudar rapidamente os clientes, respondendo as suas perguntas e auxiliando nas compras (assistente inteligente ajuda os clientes a encontrar os produtos e realizar as transações).

Na análise de dados para a tomada de decisões, os sistemas inteligentes analisam um grande volume de dados para identificar padrões, tendências e "insights" (algoritmo sugere produtos para o cliente com base no seu histórico de compras).

Na personalização de produtos e serviços, os sistemas inteligentes permitem a criação de ofertas personalizadas, adaptadas aos interesses e preferências dos clientes (envio de mensagens personalizadas com recomendações de produtos com base no comportamento de navegação do cliente).

Na experiência do cliente, os sistemas inteligentes melhoram desde a navegação no site até o suporte pós-compra (assistentes inteligentes fornecem informações sobre produtos e promoções).

Nas recomendações, os sistemas inteligentes de recomendação sugerem produtos relevantes com base no histórico de compras e preferências do cliente (por exemplo, os clientes que compraram uma torneira também compram uma fita de vedação).

Na prevenção de fraudes, os sistemas inteligentes detectam padrões suspeitos e comportamentos incomuns para evitar fraudes nas transações (análise em tempo real de transações com cartão de crédito para identificar atividades suspeitas).

Essas aplicações da IA no varejo proporcionam aumento da eficácia na gestão de dados pela otimização dos processos e melhoria na qualidade do atendimento presencial e virtual.

Referências:

https://www.zendesk.com.br/blog/inteligencia-artificial-no-varejo/, Inteligência Artificial no varejo: aplicações práticas e efetivas, acessado em 13/05/2024.

https://stefanini.com/pt-br/insights/artigos/7-melhores-formas-de-aplicar-a-inteligencia-artificial-no-varejo, 7 melhores formas de aplicar a Inteligência Artificial no varejo, acessado em 13/05/2024.

O sistema financeiro brasileiro está passando por uma revolução digital, impulsionada pela adoção de sistemas inteligentes seguros e efetivos que vêm acelerando o crescimento dos meios digitais de pagamento (transferências interbancárias, transações com cartões de crédito, débito e pré-pago, pagamentos via Pix, boletos etc.).

A evolução das transações digitais no Brasil tem no mínimo três grandes marcos históricos, ou seja, até 2016 ocorreu o crescimento da quantidade de transações per capita, entre 2017 e 2020 ocorreu um aumento significativo do volume financeiro transacionado, e da quantidade de transações por indivíduo e entre 2021 e 2022 ocorreu uma elevação exponencial das transações per capita e do volume financeiro transacionado (o pix proporcionou agilidade e eficiência nas transferências).

O "open banking" e o pix são exemplos de inovações digitais que transformaram a dinâmica do sistema financeiro brasileiro, pois a digitalização criou canais novos de distribuição de produtos financeiros, aumentou a eficiência dos processos internos e catapultou a concorrência para um outro patamar (fintechs, BigTechs e empresas não financeiras estão participando intensamente das atividades do mercado financeiro).

A digitalização exponencial aumentou a eficiência dos agentes e intensificou a competição no mercado financeiro, pois vários membros novos entraram no mercado nos últimos anos e bancos tradicionais sofreram profundas mudanças para atender as demandas e necessidades dos clientes.

O sistema financeiro brasileiro foi transformado rapidamente pelo uso de sistemas inteligentes que permitiram a inclusão financeira de milhões de brasileiros.

Referências:

https://www.infomoney.com.br/especiais/ed01/com-a-digitalizacao-o-sistema-financeiro-do-futuro-comeca-a-ser-desenhado/, Com a digitalização, o sistema financeiro do futuro começa a ser desenhado, acessado em 13/05/2024.

https://www.spglobal.com/_assets/documents/ratings/pt/pdf/2021-10-19-a--crescente-digitalizacao-do-sistema-financeiro-brasileiro-aumentara-a-eficiencia-e-intensificara-a-competicao.pdf, A crescente digitalização do sistema financeiro brasileiro aumentará a eficiência e intensificará a competição, acessado em 13/05/2024.

https://nfe.io/blog/inteligencia-artificial-em-financas/inteligencia-artificial--no-setor-financeiro/, Inteligência artificial no setor financeiro: o que muda com essa tech?, acessado em 13/05/2024.

A revolução do sistema financeiro brasileiro está sendo impulsionada pela adoção de sistemas inteligentes que habilitam a instantaneidade, conectividade e inteligência (pix e o pagamento em dinheiro são os meios instantâneos de pagamento).

No mercado financeiro, a automação habilitada pelos "chatbots" no atendimento ao cliente é uma aplicação que usa a tecnologia de "machine learning".

O sistema financeiro usa no treinamento de funcionários (através da gamificação), os algoritmos inteligentes para melhorar a capacitação dos profissionais, ou seja, as aplicações da inteligência artificial estão moldando o futuro do sistema financeiro brasileiro, tornando-o mais efetivo, ágil e conectado.

Referências:

https://epocanegocios.globo.com/colunas/coluna/2024/01/sistema-financeiro-nacional-instantaneo-conectado-e-inteligente.ghtml, Sistema financeiro nacional: instantâneo, conectado e inteligente, acessado em 13/05/2024.

https://oespecialista.com.br/projetos-inovacao-sistema-financeiro-nacional/, 21 projetos de inovação do sistema financeiro nacional. Banco Central selecionou projetos de soluções inovadoras nas áreas de agronegócio, sustentabilidade, crédito e competitividade, acessado em 13/05/2024.

https://cantarinobrasileiro.com.br/4-aplicacoes-praticas-do-machine-learning-no-setor-financeiro/, 4 aplicações práticas do machine learning no setor financeiro, acessado em 13/05/2024.

A revolução das fábricas inteligentes está diretamente relacionada com a utilização de inteligência artificial na indústria, para aperfeiçoar a eficiência operacional, gerenciar a cadeia de suprimentos, lançar novos produtos, personalizar "designs", planejar melhores condições para as equipes operacionais etc.

O aprendizado de máquina e a automação industrial abriram caminhos novos para os negócios, pois eles rompem com o paradigma industrial de soluções reativas de problemas.

Os sistemas inteligentes permitem uma atuação proativa das máquinas, processos e produtos que garantem uma melhor comunicação entre pessoas e máquinas na análise e extração de dados em tempo real e uma maior consistência dos processos.

Os sistemas inteligentes na indústria convergem para o planejamento e coordenação de vendas (previsão da demanda, otimização operacional, controle de custos, gestão de estoque, manutenção preditiva etc.), ou seja, eles inauguraram uma nova era na inspeção e no controle de qualidade contínuo.

Na indústria 4.0, a inteligência artificial atua na conversão de um grande volume de dados em capacidade de tomar decisões inteligentes, ou seja, os robôs detectam flutuações nos processos de fabricação e respondem em tempo real as circunstâncias imprevistas impedindo assim gargalos da produção e otimizam os processos para garantir entregas de alta qualidade para os clientes.

O investimento em IA e automação inteligente está crescendo com intensidade na indústria no Brasil, algumas pesquisas apontaram gastos acima de 1 bilhão de dólares com Inteligência Artificial em 2023 (aumento de 33% em relação ao ano de 2022).

As empresas da indústria automobilística estão adotando tecnologias avançadas e conectadas para aumentar a sua eficiência e produtividade.

O uso de sistemas inteligentes está moldando o presente e o futuro da indústria brasileira e impulsionando a eficiência, a qualidade e a competitividade.

Referências:

https://g1.globo.com/pr/parana/especial-publicitario/fiep/sistema-fiep/noticia/2023/05/03/como-a-industria-tem-investido-em-automacao-e-inteligencia-artificial.ghtml, Como a indústria tem investido em automação e inteligência artificial, acessado em 13/05/2024.

https://blog.culte.com.br/industria-4-0-no-brasil-entendendo-o-cenario-brasileiro/, Indústria 4.0 no Brasil: entendendo o cenário brasileiro, acessado em 13/05/2024.

https://tractian.com/blog/o-impacto-da-inteligencia-artificial-na-industria-brasileira, Qual o impacto da inteligência artificial na indústria? Inteligência Artificial na indústria brasileira, acessado em 13/05/2024.

A inteligência artificial na indústria brasileira vem desempenhando um papel crucial nas operações e permitindo avanços significativos tanto na previsão da demanda e coordenação de vendas (previsão da demanda com base nos dados históricos e sazonalidade para otimizar o estoque e planejar a produção), quanto na otimização operacional (análise dos dados em tempo real para otimizar os processos industriais, para evitar gargalos na produção, para ajustar os parâmetros produtivos automaticamente e para melhorar a eficiência).

A inteligência artificial na indústria brasileira vem desempenhando um papel crucial nas operações e permitindo avanços significativos tanto na manutenção preditiva (análise de dados dos sensores e histórico de manutenção para prever quando equipamentos precisam de manutenção, para reduzir o tempo de inatividade e para aumentar a confiabilidade), quanto no controle de qualidade contínuo (inspeção automatizada dos produtos em tempo real, para detectar defeitos e garantir a qualidade).

A inteligência artificial na indústria brasileira vem desempenhando um papel crucial nas operações e permitindo avanços significativos tanto na personalização dos produtos (customização em massa pela adaptação do produto às preferências individuais dos clientes na indústria da moda, calçados, móveis etc.), quanto na gestão da cadeia de suprimentos (sistema inteligente rastreia e otimiza o fluxo de materiais, minimizando o estoque e reduzindo o custo logístico), quanto no monitoramento de energia etc. (análise inteligente do consumo de energia e água para identificar as oportunidades de economia e evolução da sustentabilidade).

A inteligência artificial na indústria brasileira vem desempenhando um papel crucial nas operações e permitindo avanços significativos tanto na previsão de falhas nos equipamentos (sistema inteligente antecipa problemas em máquinas e equipamentos, permitindo ações preventivas antes que ocorram as falhas), quanto na análise de dados dos sensores (sistemas inteligentes processam os dados dos sensores das máquinas e produtos e geram "insights").

Referências:

https://vivomeunegocio.com.br/conteudos-gerais/inovar/iot-na-industria/, Mercado de IoT na Indústria está em ascensão e deve valer cerca de US$111 bilhões até 2025, acessado em 13/05/2024.

https://blog.gs1br.org/inteligencia-artificial-nas-industrias/, Conheça 5 aplicações da inteligência artificial nas indústrias, acessado em 13/05/2024.

Os sistemas inteligentes estão habilitando a aviação resiliente e flexível através da evolução regulatória e da articulação eficaz (garantir a segurança e flexibilidade das operações).

A inteligência artificial está sendo utilizada na manutenção preditiva, na otimização dos processos, na logística inteligente, nas simulações baseadas para validar os projetos de aeronaves etc.

Referências:

https://www.defesaaereanaval.com.br/aviacao/o-futuro-da-iinteligencia-artificial-na-aviacao, O futuro da Inteligência Artificial na aviação, acessado em 13/05/2024.

https://aeroin.net/forca-aerea-brasileira-aprimora-sistemas-de-inteligencia-de-dados-para-apoiar-tomadas-de-decisao/, Força Aérea Brasileira aprimora sistemas de inteligência de dados para apoiar tomadas de decisão, acessado em 13/05/2024.

https://forbes.com.br/negocios/2019/09/startups-promovem-inteligencia-artificial-para-companhias-aereas/, Startups promovem inteligência artificial para companhias aéreas, acessado em 13/05/2024.

Os sistemas inteligentes estão sendo utilizados para aprimorar a efetividade e segurança das companhias aéreas tanto através da análise de turbulência e interações piloto-controlador (análise da turbulência de aeronaves usando os sistemas de visão computacional e avaliação das interações entre pilotos e controladores aéreos para minimizar os erros), quanto do relacionamento dos pilotos com a aeronave (sistema inteligente, por exemplo, desliga o piloto automático ligado acidentalmente ou por falha quando percebe que ele está impedindo que o comando manual dos pilotos de subir o avião funcione), quanto do projeto e manufatura de aeronaves (IA valida os projetos), quanto da manutenção preditiva e da logística inteligente (análise dos dados de voo para prever falhas e agendar inspeções, reduzindo manutenção não planejada para otimizar o desempenho e a segurança das aeronaves), quanto da aviação robotizada (veículos aéreos autônomos), quanto do monitoramento inteligente das aeronaves (sistemas conectados às câmeras do aeroporto que detectam o movimento de turbinas, aeronaves e veículos, para prevenir acidentes).

Referências:

https://revistapilotoribeirao.com.br/aeroportos-inteligentes-como-a-tecnologia-melhora-a-seguranca-e-a-gestao-da-aviacao/, Aeroportos Inteligentes: Como a tecnologia melhora a segurança e a gestão da aviação, acessado em 13/05/2024.

https://www.portalintelectual.com.br/patentes-no-setor-aeroespacial-oportunidades-para-inteligencia-artificial/, Patentes no setor aeroespacial: oportunidades para Inteligência Artificial, acessado em 13/05/2024.

O mercado de sistemas inteligentes na indústria da aviação no Brasil está fortemente concentrado em São Paulo (mais da metade do mercado brasileiro) e no sul-sudeste.

Referências:

https://www.unicesumar.edu.br/inteligencia-artificial-ia-e-a-tecnologia-que-busca-simular-a-inteligencia-humana-para-resolver-problemas-logicos-aliado-a-autonomia-de-decisao-o-assunto-vem-ganhando-cada-vez-mais-destaque-nas-mid/, Mercado de Inteligência Artificial (IA) cresce exponencialmente no Brasil, acessado em 13/05/2024.

https://leadster.com.br/blog/mercado-inteligencia-artificial-no-brasil/, Panorama do Mercado de Inteligência Artificial no Brasil, acessado em 13/05/2024.

https://weni.ai/blog/inteligencia-artificial-no-brasil/, Evolução e oportunidades da Inteligência Artificial no Brasil, acessado em 13/05/2024.

https://forbes.com.br/forbes-tech/2022/10/google-lista-os-desafios-da-inteligencia-artificial-no-brasil/, Google lista os desafios da inteligência artificial no Brasil, acessado em 13/05/2024.

https://www.mckinsey.com/capabilities/quantumblack/our-insights/the-state-of-ai-in-2023-generative-ais-breakout-year/pt-BR, O estado da inteligência artificial em 2023: o ano do crescimento explosivo da IA Generativa, acessado em 13/05/2024.

Os sistemas inteligentes estão desempenhando um papel cada vez mais relevante na educação brasileira, pois eles estão transformando a forma como os alunos aprendem e os educadores ensinam das seguintes maneiras:

- Personalização do aprendizado. Os sistemas inteligentes permitem a criação de conteúdo educacional customizado com base nas necessidades individuais de cada aluno, ou seja, cada aluno é único e o sistema de ensino se adapta as suas necessidades.

- Assistente Inteligente. Os sistemas inteligentes oferecem suporte para os educadores, fornecem "feedback" sobre o desempenho dos alunos, sugerem estratégias de ensino personalizadas, orientam os alunos e oferecem "insights" sobre o progresso dos estudantes.

- Avaliação automatizada. Os sistemas inteligentes permitem a transformação dos processos de avaliação, possibilitam uma análise instantânea e minuciosa do desenvolvimento do aluno e liberam o tempo dos professores para que eles se concentrem no apoio individualizado e na orientação dos estudantes.

- Aprendizado adaptativo. Os algoritmos de IA ajustam dinamicamente o conteúdo e o ritmo de aprendizagem dos alunos com base no seu desempenho e preferências, ou seja, a ferramenta inteligente ajusta os simulados de provas conforme a performance dos alunos.

Referências:

https://exame.com/bussola/inteligencia-artificial-e-a-educacao-veja-4-efeitos-da-tecnologia-no-futuro-do-ensino-no-brasil/, Inteligência Artificial e a educação: veja 4 efeitos da tecnologia no futuro do ensino no Brasil, acessado em 13/05/2024.

https://revistaeducacao.com.br/2021/06/04/tecnologias-inteligentes-educacao/, Tecnologia inteligente como aliada da educação no ensino híbrido, acessado em 13/05/2024.

https://mittechreview.com.br/inteligencia-artificial-e-educacao-no-brasil-potencialidades-e-limitacoes/, Inteligência Artificial e Educação no Brasil: potencialidades e limitações, acessado em 13/05/2024.

No metaverso, os educadores podem criar experiências imersivas e interativas, indo além das limitações do ensino tradicional e os alunos podem explorar as simulações, os museus virtuais etc. tornando o aprendizado envolvente e estimulante.

Nas plataformas adaptativas, os educadores podem personalizar o aprendizado dos alunos, ajustando o nível de dificuldade das atividades com base no progresso individual de cada aluno para melhorar a eficiência e a eficácia do ensino.

Os “chatbots” inteligentes treinados pelos educadores fornecem suporte aos estudantes 24 horas por dia, pois eles respondem às perguntas, auxiliam na resolução de dúvidas e oferecem orientação personalizada.

Na educação infantil, a IA pode ser usada para criar sistemas inteligentes que entendam e respondam às perguntas dos alunos para complementar o ensino e a oferecer suporte individualizado.

Os formuladores das políticas educacionais podem usar a IA para analisar grandes quantidades de dados para identificar os padrões e os “insights” e para revelar o nível de sucesso da estratégia e política educacional em vigor.

Os educadores podem usar a realidade aumentada para que os alunos visualizem modelos 3D interativos nas aulas de ciências exatas, biológicas e humanas.

Os educadores podem usar o aprendizado de máquina na avaliação automatizada do desempenho de cada um dos alunos para fornecer um "feedback" detalhado.

Os formuladores das políticas educacionais e os educadores podem usar as plataformas inteligentes de ensino "online" para recomendar conteúdos relevantes para os alunos com base nas suas necessidades.

Referências:

https://hed.pearson.com.br/blog/inteligencia-artificial-principais-aplicacoes-na-educacao, 5 aplicações da inteligência artificial na educação, acessado em 13/05/2024.

https://www.questionpro.com/blog/pt-br/inteligencia-artificial-na-educacao-2/, Inteligência Artificial (IA) na educação: Impacto e Exemplos, acessado em 13/05/2024.

https://fia.com.br/blog/inteligencia-artificial-na-educacao/, Inteligência Artificial na educação: exemplos, impactos e oportunidades, acessado em 13/05/2024.

https://inteligenciaartificialweb.com.br/inteligencia-artificial-na-educacao-beneficios-e-desafios/, Inteligência Artificial na educação: benefícios e desafios, acessado em 13/05/2024.

https://tutormundi.com/blog/inteligencia-artificial-na-educacao/, Vantagens e desvantagens da Inteligência Artificial na Educação, acessado em 13/05/2024.

Fazer o básico

A inteligência artificial depende da qualidade e quantidade de dados usados no seu processo de treinamento, ou seja, quando não são realizadas as atividades básicas necessárias para coletar e processar os dados, existe um forte comprometimento da eficácia do sistema inteligente.

Treinamento inadequado. O sistema inteligente precisa ser treinado com uma grande quantidade de dados. Se a coleta ou disponibilização dos dados for insuficiente, a IA não será capaz de aprender corretamente.

Para evitar o treinamento inadequado de um sistema inteligente é preciso tanto capturar os dados corretamente (quantidade suficiente de dados para treinar modelo, pois mais dados significa maior acuracidade do seu modelo), quanto diversificar os dados (garantir que os dados usados no processo de treinamento são diversificados e representativos do problema, pois é preciso evitar os vieses e garantir que o modelo seja capaz de generalizar a resposta usando novos dados), quanto processar os dados (limpar e processar os dados antes de iniciar o processo de treinamento, ou seja, remover os dados discrepantes, normalizar os dados e tratar os dados ausentes).

Para evitar o treinamento inadequado de um sistema inteligente é preciso tanto fazer a validação cruzada usando as técnicas que estimam o desempenho do modelo, quanto ajustar os hiperparâmetros (variáveis de configuração externas usadas para gerenciar o treinamento do modelo de aprendizado de máquina para melhorar o desempenho do sistema inteligente, ou seja, taxa de aprendizado, número de camadas na rede neural etc.), quanto avaliar o modelo (avaliar o modelo usando um conjunto de dados de teste que não foram usados durante o processo de treinamento para ter uma ideia do comportamento do modelo usando os dados do mundo real).

Para evitar o treinamento inadequado de um sistema inteligente é preciso fazer a iteração, pois o treinamento de um modelo de IA é um processo iterativo, ou seja, é preciso voltar e ajustar o modelo várias vezes com base nos resultados obtidos (o processo de treinamento de um sistema inteligente gasta um bom tempo para que a IA gere resultados relevantes).

Para evitar o treinamento inadequado de um sistema inteligente é preciso tanto fazer a rotulagem dos dados (usar no processo de treinamento supervisionado dados rotulados ou com resultados associados), quanto usar dados atualizados (eles devem ser atualizados regularmente para refletir as mudanças ocorridas no mundo real), quanto endereçar as questões relacionadas com a privacidade e ética (obter o consentimento para coletar os dados pessoais e oferecer garantias que os dados são armazenados e usados de forma segura e ética).

Em resumo, a qualidade dos dados é tão importante quanto a quantidade, pois dados de boa qualidade levam para resultados mais precisos e eficazes.

O sistema inteligente pode desenvolver um viés se os dados coletados não forem representativos ou se dados forem tendenciosos, por isso, o processo de treinamento do modelo da Inteligência Artificial precisa ser feito com dados que representam a diversidade do problema que você está tentando resolver (diferentes fontes, contextos, grupos demográficos etc.), com a identificação de vieses, com o equilíbrio das classes de dados, com a ponderação das amostras, com a geração de dados sintéticos etc.

A utilização de algoritmos de aprendizado de máquina menos sensíveis aos vieses dos dados facilita a avalição do modelo em termos de precisão e justiça (igualdade de oportunidades, paridade demográfica etc.).

É muito importante que exista total transparência sobre como o modelo foi treinado e como ele pode ser usado, ou seja, documentação das práticas usadas na coleta de dados, explicação sobre as decisões de modelagem, realização de auditorias de viés regularmente etc.

O treinamento de um modelo de IA é um processo contínuo que exige vigilância e compromisso constante, por isso, preciso atualizar constantemente o sistema inteligente com dados novos para que ele se adapte às mudanças do mundo real.

Sistemas inteligentes desatualizados são obsoletos, ou seja, para manter a precisão e relevância do modelo é preciso fazer coleta contínua de dados (estabelecer um processo frequente para coletar e adicionar dados novos ao conjunto de dados usados no treinamento).

Não são apenas os dados que precisam de atualização, o modelo também deve ser atualizado regularmente para que ele incorpore os dados novos (pode ser feito através de treinamento incremental, onde o modelo é treinado em novos dados sem esquecer o que aprendeu com os dados antigos).

Monitoramento do desempenho. É preciso monitorar o desempenho do modelo do sistema inteligente ao longo do tempo, pois a piora do desempenho significa que os dados estão desatualizados e o modelo precisa ser treinado novamente.

Retorno do usuário. É preciso implementar um mecanismo para capturar o "feedback" (ele pode ser usado para gerar dados novos de treinamento e para ajudar a identificar quando o modelo precisa ser atualizado).

Revisão dos dados. É preciso revisar regularmente os dados de treinamento para garantir que eles são relevantes, pois existem problemas que mudam ao longo do tempo.

Para implementar a Inteligência Artificial em uma empresa, é preciso tanto entender o problema que a firma deseja resolver com o sistema inteligente (definir objetivos e métricas de sucesso), quanto ter acesso a dados relevantes e de alta qualidade, quanto ter uma infraestrutura robusta para armazenar dados e executar modelos, quanto ter uma equipe com cientistas de dados, engenheiros de aprendizado de máquina, especialistas no assunto, quanto ter acesso a ferramentas e plataformas disponíveis para desenvolver e implementar soluções de IA, quanto cumprir os termos da conformidade legal e ética (privacidade de dados, algorítmico sem viés etc.), quanto ter uma estratégia clara para implementar a IA na empresa (plano para treinamento dos funcionários, integração dos sistemas, plano de manutenção e atualização de modelos).

Um implementação bem-sucedida da IA exige tempo e recursos, no entanto ela é capaz de trazer benefícios substanciais para a empresa.

Os sistemas inteligentes são capazes de resolver os problemas relacionados com a previsão de vendas (análise dos dados históricos de vendas para identificar padrões, prever vendas futuras e planejar melhor o estoque e operações), com a análise de sentimentos do cliente (análise dos comentários e "feedbacks" dos clientes para determinar o seu sentimento em relação aos produtos ou serviços e para melhorar as entregas e o atendimento aos clientes), com detecção de fraudes (identificação de padrões fraudulentos de transações que podem indicar que a atividade está sendo realizada por um malfeitor), com recrutamento e seleção (análise de currículos e perfis para identificar os melhores candidatos para uma vaga e tornar o processo de recrutamento mais eficiente, eficaz e barato), com automatização das tarefas repetitivas e demoradas para liberar tempo para os funcionários se concentrarem em tarefas mais complexas e estratégicas e com personalização do marketing (análise do comportamento do cliente para personalizar anúncios e recomendações de produtos, melhorando a experiência do cliente e aumentando as vendas).

A implementação bem-sucedida de um sistema inteligente depende de ter acesso a dados de alta qualidade, de compreender claramente o problema e de ter uma infraestrutura e habilidades necessárias para desenvolver e manter modelos.

Para coletar os dados de vendas para treinar o sistema inteligente é preciso capturar as informações tanto do sistema do ponto de venda (informações sobre o produto, quantidade, preço, data e hora da venda e detalhes do cliente), quanto dos registros do comércio eletrônico, quanto do sistema de gerenciamento do relacionamento com o cliente, quanto das pesquisas e "feedbacks" dos clientes (nível de satisfação dos clientes, preferências e comportamentos de compra etc.), quanto de dados de terceiros (dados demográficos ou econômicos que influenciam as vendas).

A captura e uso dos dados de vendas precisa estar em conformidade com todas as leis e regulamentos de privacidade e os dados devem ser limpos e processados antes de serem usados para treinar o sistema inteligente.

A análise de sentimentos é a mineração das opiniões, ou seja, é um campo de estudo que analisa as emoções e opiniões das pessoas a partir dos dados, para tal é preciso: (i) coletar dados relevantes com comentários dos clientes, postagens em redes sociais, avaliações de produtos etc., (ii) processar os dados, ou seja, remover palavras irrelevantes (por exemplo "e", "o", "a"), converter as palavras para minúsculas, corrigir os erros de digitação etc., (iii) extrair os recursos dos dados (identificar as palavras ou frases importantes, contagem de palavras, identificar os tópicos, etc.), (iv) treinar o modelo de aprendizado de máquina com os dados, ou seja, ele vai aprender a associar os recursos extraídos com sentimentos específicos, (v) prever os sentimentos, ou seja, o modelo é treinado para prever sentimentos usando os dados novos (por exemplo, prever se o comentário do cliente é positivo, negativo ou neutro).

A análise de sentimentos é uma tarefa complexa e desafiadora, pois o significado e o sentimento de uma palavra podem mudar dependendo do contexto.

As pessoas expressam sentimentos de maneiras muito diferentes, usando sarcasmo, duplo sentido etc., por isso, a análise de sentimentos é feita com o uso de diversas ferramentas.

Referências:

https://www.probesto.com/pt/principais-ferramentas-de-inteligencia-artificial-para-analisar-sentimentos/, Principais ferramentas de inteligência artificial para analisar sentimentos, acessado em 13/05/2024.

https://www.ibm.com/br-pt/topics/sentiment-analysis, O que é análise de sentimento?, acessado em 13/05/2024.

https://www.unite.ai/pt/um-guia-para-iniciantes-sobre-an%C3%A1lise-de-sentimento-em-2023/, Um guia para iniciantes sobre análise de sentimentos em 2023, acessado em 13/05/2024.

https://www.datageeks.com.br/analise-de-sentimentos/, Análise de Sentimentos com Machine Learning, acessado em 13/05/2024.

Sarcasmo

A análise de sentimentos multimodal é uma abordagem que considera múltiplos modos de expressão (texto, áudio e vídeo) para obter uma visão mais completa do sentimento e compreender o sarcasmo que é uma combinação de texto e entonação vocal.

A análise considera as características específicas de cada modo para identificar o sarcasmo, por exemplo, texto (palavras-chaves, contexto, padrões linguísticos), áudio (tom de voz, entonação, ritmo), vídeo (expressões faciais, gestos etc.).

Detectar o sarcasmo é uma atividade complexa, pois ela envolve contexto cultural e conhecimento prévio, por isso, a análise multimodal combina as informações para obter uma visão mais precisa.

As pesquisas sobre o sarcasmo estão em constante evolução, e os cientistas estão desenvolvendo métodos e algoritmos novos para a análise multimodal.

Em resumo, a análise de sentimentos multimodal busca capturar nuances emocionais, incluindo o sarcasmo, considerando múltiplos modos de expressão.

Referências:

https://www.scielo.br/j/tla/a/WzWj4zQrgbxkLnx3fFRXMnz/, Análise Multimodal: Noções e Procedimentos Fundamentais, acessado em 13/05/2024.

https://ulbra-to.br/encoinfo/wp-content/uploads/2020/03/Gomes_et_al_2017_An%C3%A1lise_de_Sentimentos_-_Uma_Revis%C3%A3o_Sistem%C3%A1tica.pdf, Análise de Sentimentos: Uma Revisão Sistemática, acessado em 13/05/2024.

https://aws.amazon.com/pt/what-is/sentiment-analysis/, O que é análise de sentimentos?, acessado em 13/05/2024.

Conclusões:

A análise de sentimentos, também conhecida como mineração de opinião, é uma técnica de Inteligência Artificial que visa identificar e classificar as emoções e atitudes expressas em comentários, avaliações, postagens etc.

O objetivo principal é determinar se o sentimento geral expresso é positivo, negativo ou neutro em relação a um determinado tópico, marca, produto ou evento.

Os passos principais envolvidos na análise de sentimentos estão relacionados tanto o processamento do texto (remoção de pontuações de palavras comuns que não agregam valor semântico ("o", "a", "e"), técnicas de normalização etc.), quanto com a extração de características (palavras-chave, combinação de n palavras em sequência, frequência das palavras etc.), quanto classificação de sentimento (com base nas características extraídas, o texto é classificado em positivo, negativo ou neutro), quanto avaliação e melhoria contínua (resultados da análise de sentimento são avaliados para determinar a eficácia do modelo e para ajustar e melhorar a precisão e desempenho do modelo).

A análise de sentimento é usada no atendimento ao cliente, nas pesquisas de mercado para entender as opiniões dos consumidores sobre produtos e serviços, no monitoramento das mídias sociais para acompanhar a reputação de uma marca ou empresa, na análise de "feedback" de produtos para avaliar o nível de satisfação dos clientes, na análise da apresentação dos resultados de uma empresa para os seus investidores etc.

O sarcasmo é uma forma de humor crítico que desafia as normas e expectativas estabelecidas, por isso, a sua detecção é um enorme desafio e a análise de sentimento multimodal está em constante evolução.

Referências:

https://chat2desk.com.br/blog/analise-de-sentimento-como-a-inteligencia-artificial-desvenda-as-emocoes-do-mundo-digital/, Análise de Sentimento: Como a Inteligência Artificial Desvenda as Emoções do Mundo Digital, acessado em 13/05/2024.

https://seer.ufrgs.br/index.php/renote/article/download/75112/42552/0, Análise de Sentimento pela ótica da abordagem multimodal, acessado em 13/05/2024.

Construindo um modelo matemático

Previsão de uma variável, conhecendo o comportamento das outras.

O valor da grandeza de interesse é composto de uma parte determinística e de um erro f(x) = a + b * x + erro. Por exemplo, Faturamento = a + b * (investimento) + erro

Hipóteses do Modelo:

- A distribuição do erro possui média zero
- A variância do erro é constante
- A distribuição do erro é normal
- Os valores do erro são independentes dos f(x) observados

Análise do resultado

O coeficiente de determinação (R-quadrado) indica o poder de explicação do modelo em porcentagem (R-quadrado mais próximo de 1 é melhor).

Um valor-P baixo confirma que R^2 não é alto por acaso, ou seja, é baixa a probabilidade de o valor previsto não corresponder à realidade.

Em geral apenas o valor-P da variável independente é considerado, pois ele representa a probabilidade de obter uma amostra próxima o suficiente da amostra usada para gerar a equação de regressão, ou seja, é possível verificar se a inclinação da linha de regressão é zero ou se o coeficiente real é próximo do coeficiente obtido.

Um valor-P menor ou igual a 0,05 (5%) revela uma probabilidade pequena de que a diferença observada entre os grupos seja um acaso (existe diferença significativa entre os grupos).

Um valor-P abaixo de 0,05 indica 95% de confiança de que a inclinação da linha de regressão não é zero (relação linear significativa entre as variáveis dependentes e independentes).

Um valor-P maior do que 0,05 indica que a inclinação da linha de regressão pode ser zero e que não há evidência no nível de confiança de 95% de relação linear entre as variáveis dependentes e independentes.

Intervalo de confiança do parâmetro é dado na coluna 95% inferiores e 95% superiores, ou seja, é possível afirmar com 95% de confiança que o coeficiente real está entre o limite inferior e o limite superior.

Stat t é a divisão do coeficiente pelo erro padrão. Quanto maior o coeficiente em relação ao erro padrão, maior é o Stat t e maior a probabilidade de que o coeficiente esteja longe do zero para o modelo de previsão.

Erro padrão é o desvio padrão estimado do erro do modelo de previsão dentro do intervalo estudado (ele é assumido como uma curva normal de desvio padrão constante ao longo da reta). Ele é uma boa medida da precisão do modelo. Ele é calculado como a raiz quadrada dos erros quadráticos médios residuais.

Regressão linear simples – Método gráfico de dispersão

Y = A + B * X + ERRO
Y = Variável dependente (resposta)
A = intercepto
B = inclinação da reta
X = Variável independente (explica o fenômeno)

ERRO = ERRO

Sendo:
Intercepto: valor de Y para X = 0
Inclinação da reta: Crescimento de Y para cada unidade de X

Curva ajustada (mínimos quadrados)
Validade do modelo apenas no intervalo dos dados

Passo 1:
Tabelar o relacionamento entre a Variável dependente (Y) e a Variável independente (X).

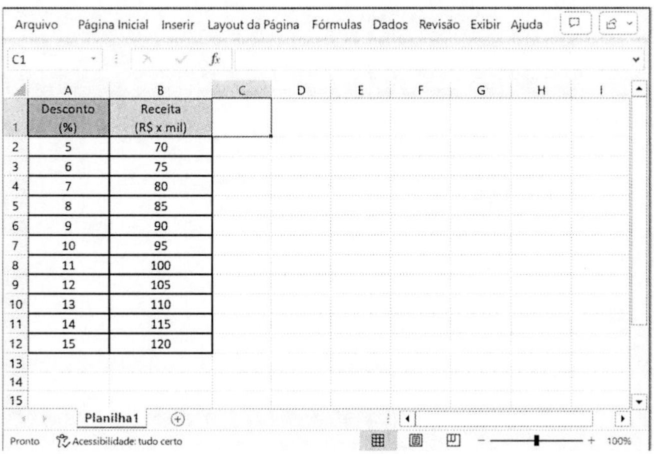

Passo 2:
Escolher o gráfico de dispersão do Excel.

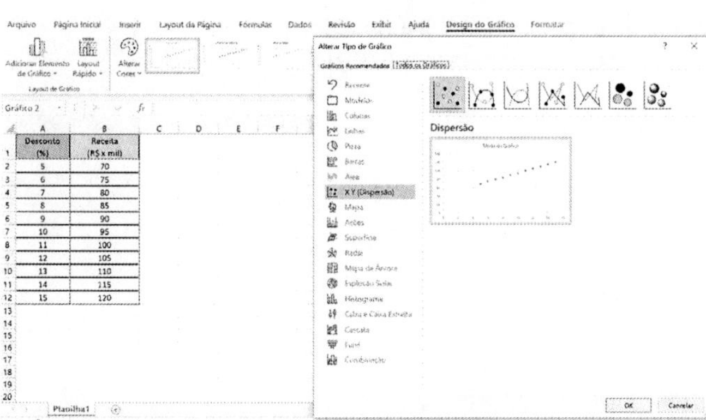

Passo 3:
Selecionar o intervalo de dados do gráfico de dispersão.

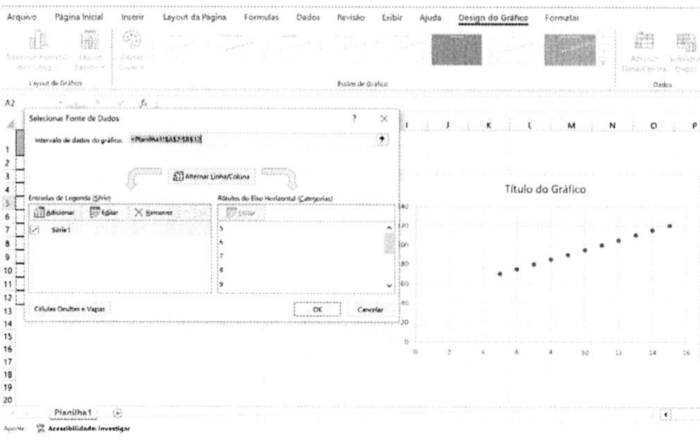

Passo 4:
Adicionar os rótulos para os eixos do gráfico de dispersão e o título do gráfico.

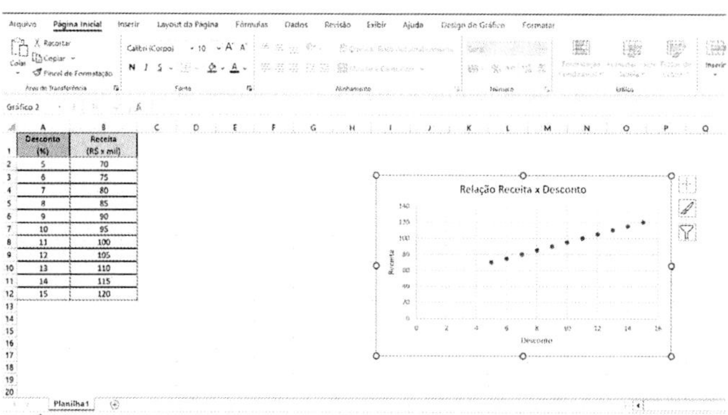

Passo 5:
Adicionar uma linha de tendência para o gráfico de dispersão.

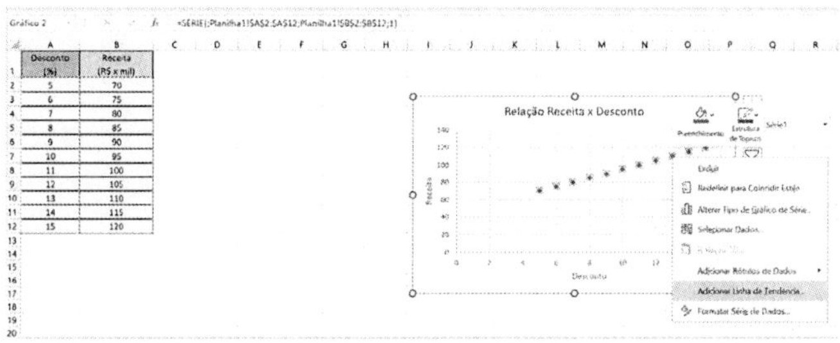

Passo 6:
Adicionar a exibição da equação e do R^2 no gráfico.

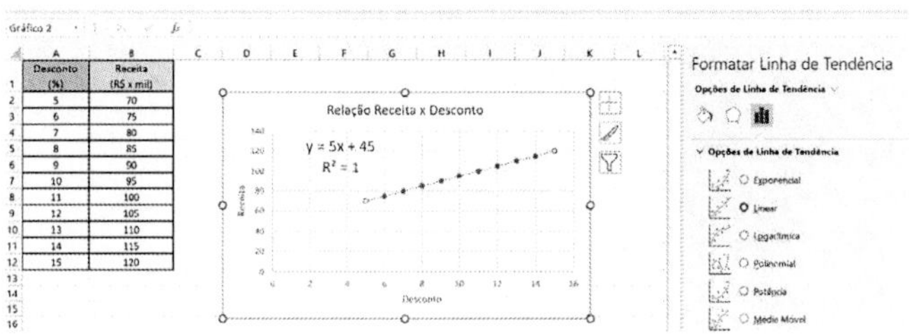

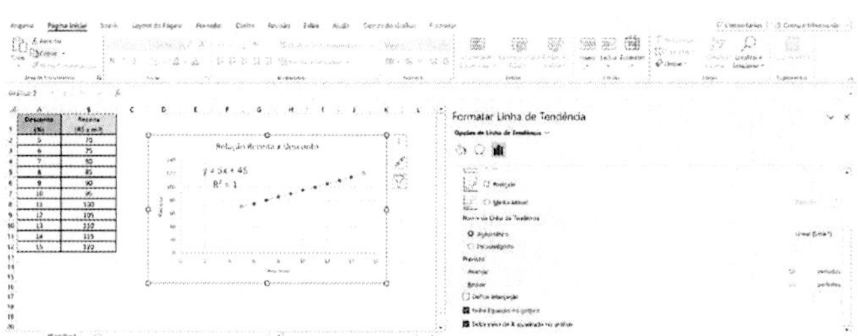

Regressão linear simples – Método análise de dados regressão

Y = A + B * X + ERRO
Y = Variável dependente (resposta)
A = intercepto
B = inclinação da reta

X = Variável independente (explica o fenômeno)
ERRO = ERRO

Sendo:
Intercepto: valor de Y para X = 0
Inclinação da reta: Crescimento de Y para cada unidade de X
Curva ajustada (mínimos quadrados)
Validade apenas no intervalo dos dados

Passo1:
Selecionar a ferramenta regressão da análise de dados do Excel.

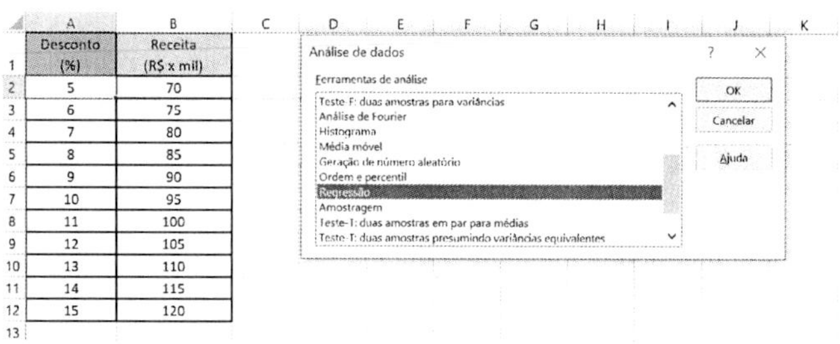

Passo 2:
Selecionar o intervalo do Y (variável dependente) e do X (variável independente).

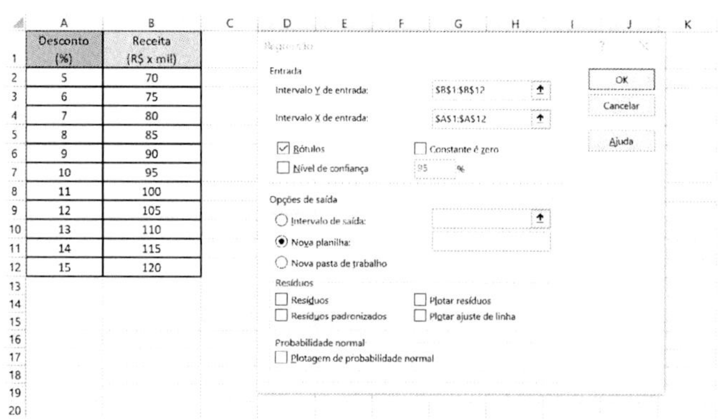

Passo 3:
Analisar os resultados da regressão do Excel.

	A	B	C	D	E	F	G	H	I	J
1	RESUMO DOS RESULTADOS									
2										
3	*Estatística de regressão*									
4	R múltiplo	1								
5	R-Quadrado	1								
6	R-quadrado ajustado	1								
7	Erro padrão	3,99423E-15								
8	Observações	11								
9										
10	ANOVA									
11		*gl*	*SQ*	*MQ*	*F*	*F de significação*				
12	Regressão	1	2750	2750	1,72372E+32	4,3931E-142				
13	Resíduo	9	1,43585E-28	1,59539E-29						
14	Total	10	2750							
15										
16		*Coeficientes*	*Erro padrão*	*Stat t*	*valor-P*	*95% inferiores*	*95% superiores*	*Inferior 95,0%*	*Superior 95,0%*	
17	Interseção	45	3,99423E-15	1,12662E+16	1,7412E-141	45	45	45	45	
18	Desconto (%)	5	3,80835E-16	1,3129E+16	4,3931E-142	5	5	5	5	
19										

Indícios de que a relação linear entre a variável dependente e independente explica o fenômeno.

R^2 é alto (quanto mais próximo de 1 é melhor).

Intervalo de confiança do parâmetro é dado na coluna 95% inferiores e 95% superiores. No caso do exemplo: Interseção - 95% inferiores = 45 e 95% superiores = 45 / Desconto (%) - 95% inferiores = 5 e 95% superiores = 5.

O valor-P é pequeno (abaixo de 0,1). P baixo confirma que R^2 não é alto por acaso, ou seja, é baixa a probabilidade de o valor previsto não corresponder à realidade.

O valor do Stat t para o coeficiente Interseção é 1,12662E+16 e para o coeficiente Desconto (%) é 1,3129E+16, ou seja, é bastante elevada a probabilidade de que os coeficientes estejam longe do zero.

O erro padrão é 3,99423210116605E-15, ou seja, dentro do intervalo estudado o modelo é bastante preciso.

Regressão Linear Múltipla

Z = A + B * X + C * Y + ERRO

Sendo:
Z é a variável explicada
X é uma variável explicativa
Y é outra variável explicativa
A, B e C são constantes do modelo
ERRO = ERRO

	A	B	C
1	X	Y	Z
2	Propaganda	Desconto	Vendas
3	R$ 8,00	12,00%	R$ 1.500,00
4	R$ 83,00	6,00%	R$ 1.600,00
5	R$ 25,00	8,00%	R$ 1.500,00
6	R$ 40,00	4,00%	R$ 1.400,00
7	R$ 16,00	10,00%	R$ 1.400,00
8	R$ 60,00	1,00%	R$ 1.300,00
9	R$ 90,00	8,00%	R$ 1.700,00
10	R$ 50,00	2,00%	R$ 1.300,00
11	R$ 75,00	5,00%	R$ 1.500,00
12	R$ 33,00	6,00%	R$ 1.400,00
13	R$ 100,00	10,00%	R$ 1.800,00
14	R$ 66,00	2,00%	R$ 1.400,00
15	R$ 20,00	5,00%	R$ 1.300,00
16	R$ 55,00	9,00%	R$ 2.000,00
17	R$ 80,00	12,00%	R$ 2.500,00
18	R$ 100,00	5,00%	R$ 3.000,00
19	R$ 40,00	10,00%	R$ 1.300,00

Vendas x Desconto
Vendas = 3.750,00 * Desconto + 1.387,50

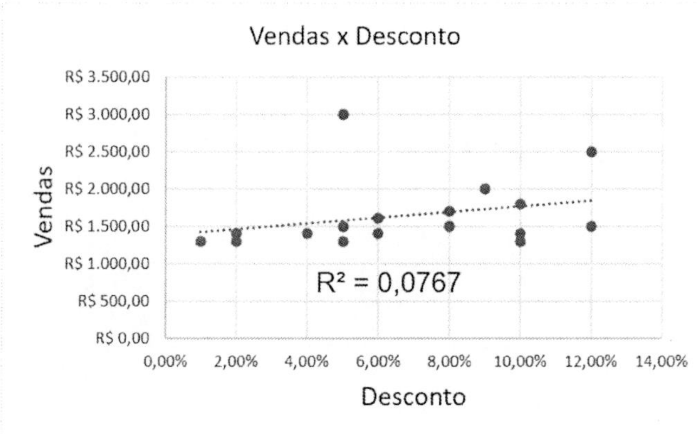

Vendas x Propaganda
Vendas = 9,36 * Propaganda + 1.123,00

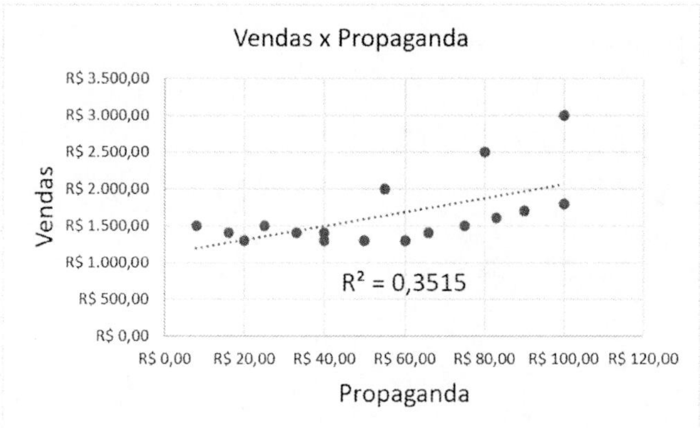

Regressão Linear Múltipla

Passo1:
Selecione dados no Excel e clique em análise de dados e em seguida em regressão.

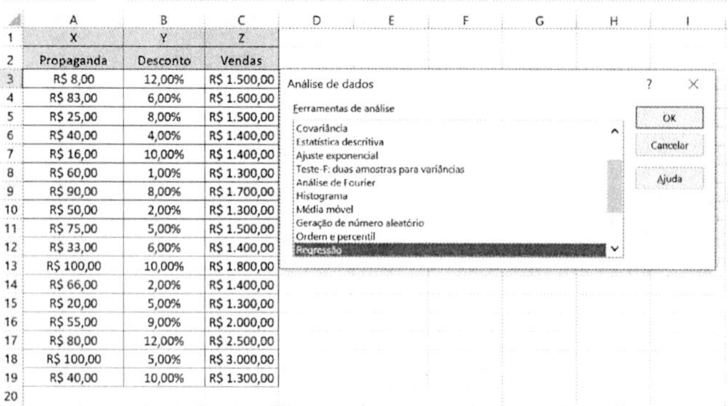

	A	B	C
1	X	Y	Z
2	Propaganda	Desconto	Vendas
3	R$ 8,00	12,00%	R$ 1.500,00
4	R$ 83,00	6,00%	R$ 1.600,00
5	R$ 25,00	8,00%	R$ 1.500,00
6	R$ 40,00	4,00%	R$ 1.400,00
7	R$ 16,00	10,00%	R$ 1.400,00
8	R$ 60,00	1,00%	R$ 1.300,00
9	R$ 90,00	8,00%	R$ 1.700,00
10	R$ 50,00	2,00%	R$ 1.300,00
11	R$ 75,00	5,00%	R$ 1.500,00
12	R$ 33,00	6,00%	R$ 1.400,00
13	R$ 100,00	10,00%	R$ 1.800,00
14	R$ 66,00	2,00%	R$ 1.400,00
15	R$ 20,00	5,00%	R$ 1.300,00
16	R$ 55,00	9,00%	R$ 2.000,00
17	R$ 80,00	12,00%	R$ 2.500,00
18	R$ 100,00	5,00%	R$ 3.000,00
19	R$ 40,00	10,00%	R$ 1.300,00

Passo 2: Selecione a coluna referente à variável dependente e em seguida, selecione as colunas variáveis que explicam o fenômeno.

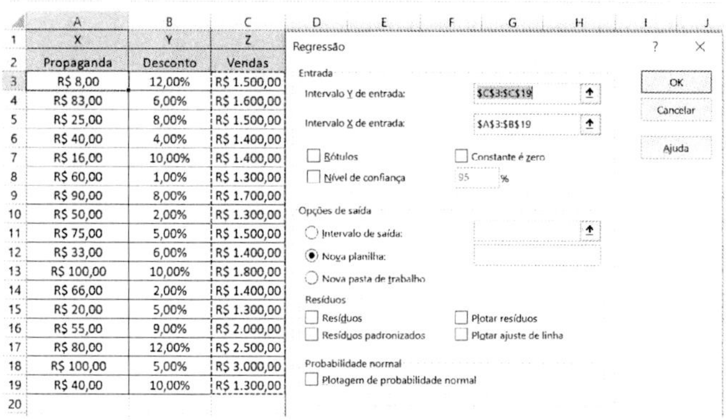

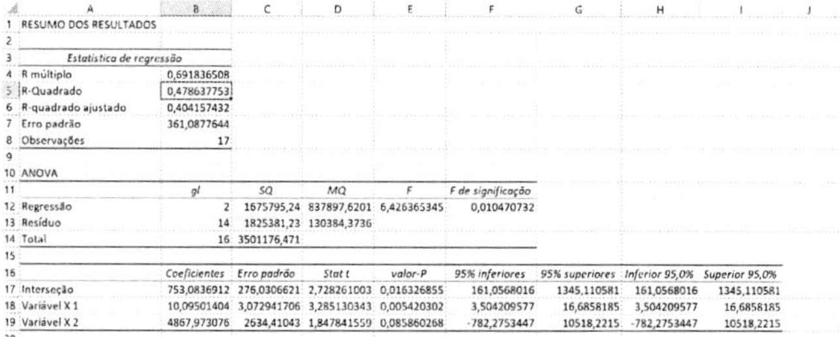

RESUMO DOS RESULTADOS

Estatística de regressão	
R múltiplo	0,691836508
R-Quadrado	0,478637753
R-quadrado ajustado	0,404157432
Erro padrão	361,0877644
Observações	17

ANOVA

	gl	*SQ*	*MQ*	*F*	*F de significação*
Regressão	2	1675795,24	837897,6201	6,426365345	0,010470732
Resíduo	14	1825381,23	130384,3736		
Total	16	3501176,471			

	Coeficientes	*Erro padrão*	*Stat t*	*valor-P*	*95% inferiores*	*95% superiores*	*Inferior 95,0%*	*Superior 95,0%*
Interseção	753,0836912	276,0306621	2,728261003	0,016326855	161,0568016	1345,110581	161,0568016	1345,110581
Variável X 1	10,09501404	3,072941706	3,285130343	0,005420302	3,504209577	16,6858185	3,504209577	16,6858185
Variável X 2	4867,973076	2634,41043	1,847841559	0,085860268	-782,2753447	10518,2215	-782,2753447	10518,2215

Indícios de que a relação linear entre a variável dependente e as variáveis independentes explica o fenômeno.

R^2 é baixo (quanto mais próximo de 1 é melhor).

Grande variabilidade do intervalo de confiança dos parâmetros (Interseção - 95% inferiores = 161,05 e 95% superiores = 1.345,11 / Propaganda - 95% inferiores = 3,50 e 95% superiores = 16,70 / Desconto - 95% inferiores = -782,27 e 95% superiores = 10.518,22)

O valor-P é pequeno (abaixo de 0,1). Interseção = 0,02, Propaganda = 0,00, Desconto = 0,086. P baixo confirma que R^2 não é baixo por acaso, ou seja, é baixa a probabilidade de o valor previsto corresponder à realidade.

O valor do Stat t para o coeficiente Interseção é 2,73, para o coeficiente Propaganda é 3,28 e para o coeficiente Desconto é 1,85, ou seja, é baixa a probabilidade de que os coeficientes estejam longe do zero.

O erro padrão é 361,09, ou seja, dentro do intervalo estudado o modelo não é preciso.

Vendas = 753,08 + 10,09 * Propaganda + 4867,97 * Desconto

	A	B	C	D
1	X	Y	Z	W
2	Propaganda	Desconto	Vendas	Vendas estimadas
3	R$ 8,00	12,00%	R$ 1.500,00	R$ 1.418,00
4	R$ 83,00	6,00%	R$ 1.600,00	R$ 1.883,05
5	R$ 25,00	8,00%	R$ 1.500,00	R$ 1.394,90
6	R$ 40,00	4,00%	R$ 1.400,00	R$ 1.351,60
7	R$ 16,00	10,00%	R$ 1.400,00	R$ 1.401,40
8	R$ 60,00	1,00%	R$ 1.300,00	R$ 1.407,46
9	R$ 90,00	8,00%	R$ 1.700,00	R$ 2.051,07
10	R$ 50,00	2,00%	R$ 1.300,00	R$ 1.355,19
11	R$ 75,00	5,00%	R$ 1.500,00	R$ 1.753,61
12	R$ 33,00	6,00%	R$ 1.400,00	R$ 1.378,30
13	R$ 100,00	10,00%	R$ 1.800,00	R$ 2.249,38
14	R$ 66,00	2,00%	R$ 1.400,00	R$ 1.516,71
15	R$ 20,00	5,00%	R$ 1.300,00	R$ 1.198,38
16	R$ 55,00	9,00%	R$ 2.000,00	R$ 1.746,43
17	R$ 80,00	12,00%	R$ 2.500,00	R$ 2.144,84
18	R$ 100,00	5,00%	R$ 3.000,00	R$ 2.005,98
19	R$ 40,00	10,00%	R$ 1.300,00	R$ 1.643,68

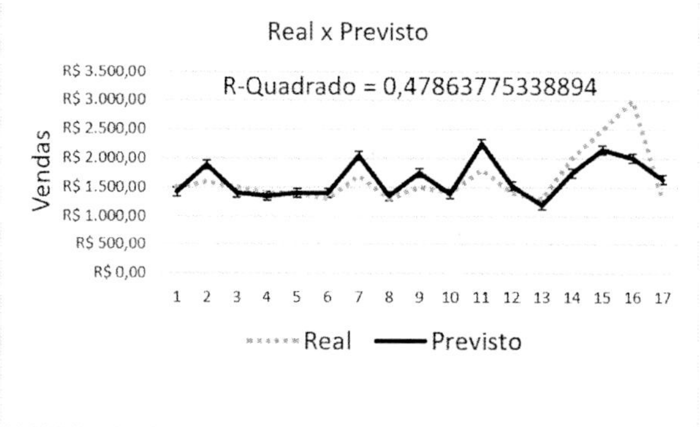

Uso do Modelo (Previsão em amarelo)

	A	B	C	D
1	X	Y	Z	W
2	Propaganda	Desconto	Vendas	Vendas estimadas
3	R$ 8,00	12,00%	R$ 1.500,00	R$ 1.418,00
4	R$ 83,00	6,00%	R$ 1.600,00	R$ 1.883,05
5	R$ 25,00	8,00%	R$ 1.500,00	R$ 1.394,90
6	R$ 40,00	4,00%	R$ 1.400,00	R$ 1.351,60
7	R$ 16,00	10,00%	R$ 1.400,00	R$ 1.401,40
8	R$ 60,00	1,00%	R$ 1.300,00	R$ 1.407,46
9	R$ 90,00	8,00%	R$ 1.700,00	R$ 2.051,07
10	R$ 50,00	2,00%	R$ 1.300,00	R$ 1.355,19
11	R$ 75,00	5,00%	R$ 1.500,00	R$ 1.753,61
12	R$ 33,00	6,00%	R$ 1.400,00	R$ 1.378,30
13	R$ 100,00	10,00%	R$ 1.800,00	R$ 2.249,38
14	R$ 66,00	2,00%	R$ 1.400,00	R$ 1.516,71
15	R$ 20,00	5,00%	R$ 1.300,00	R$ 1.198,38
16	R$ 55,00	9,00%	R$ 2.000,00	R$ 1.746,43
17	R$ 80,00	12,00%	R$ 2.500,00	R$ 2.144,84
18	R$ 100,00	5,00%	R$ 3.000,00	R$ 2.005,98
19	R$ 40,00	10,00%	R$ 1.300,00	R$ 1.643,68
20	R$ 0,00	0,00%		R$ 753,08
21	R$ 100,00	0,00%		R$ 1.762,59
22	R$ 0,00	12,00%		R$ 1.337,24
23	R$ 50,00	6,00%		R$ 1.549,91
24	R$ 100,00	12,00%		R$ 2.346,74

Análise de resíduos

Resíduo é a diferença entre o valor estimado pelo modelo e o valor da amostra.

O resíduo deve ser plotado em relação à cada variável independente e analisado.

O resultado mais comum da análise de resíduos é a necessidade de existir termos da equação de ordem superior e de corrigir ou eliminar alguns dados.

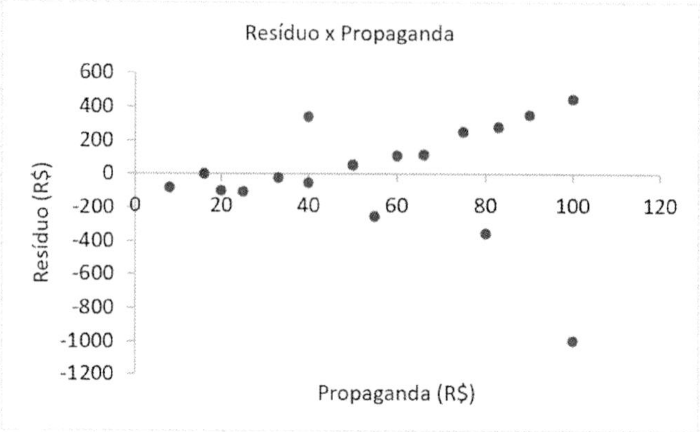

Tem uma estrutura identificada. Não é um bom resultado.

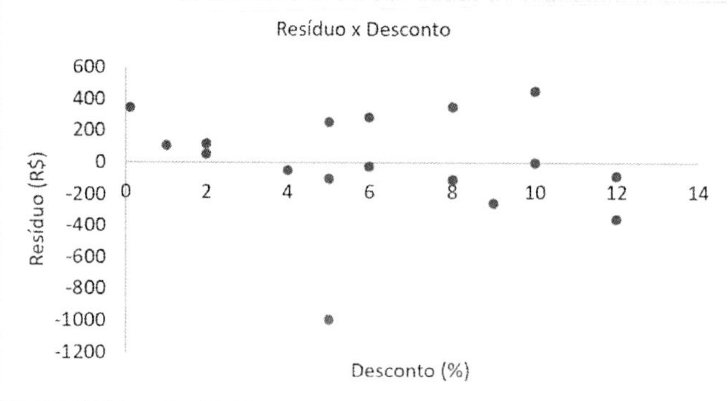

Tem uma estrutura identificada. Não é um bom resultado.

Características e problemas da regressão múltipla:

1. Quantidade insuficiente de dados para estimar os parâmetros, ou seja, a quantidade de observações em "x" não permite o estabelecimento de uma relação entre "x" e "y".

2. Extrapolação dos dados. O modelo pode ser usado apenas na região dos dados, pois nada garante que o comportamento do fenômeno é o mesmo fora deste intervalo de dados.

3. Multicolinearidade. O problema que ocorre quando as variáveis explicativas não são independentes. Neste caso, as estimativas perdem confiabilidade (indicações de multicolinearidade: alta correlação entre as variáveis do modelo, Valor-P maior que 0,10, resultados obtidos não têm sentido lógico).

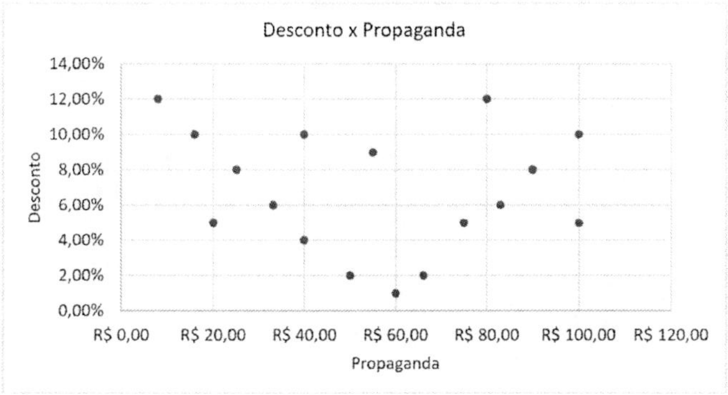

Método para determinar se existe multicolinearidade entre as variáveis usando o Excel

Passo 1:
Calcular as correlações existentes

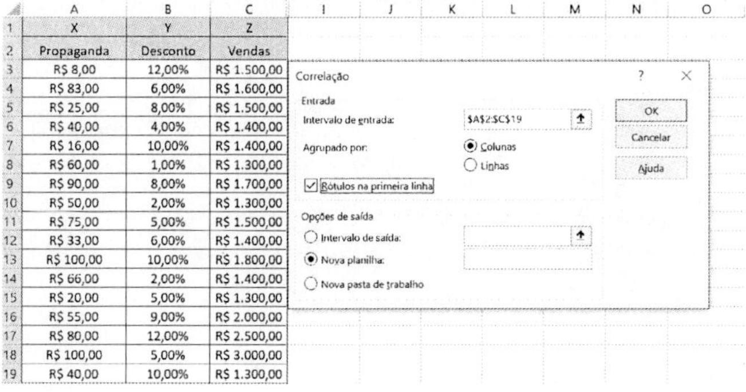

	A	B	C
1	X	Y	Z
2	Propaganda	Desconto	Vendas
3	R$ 8,00	12,00%	R$ 1.500,00
4	R$ 83,00	6,00%	R$ 1.600,00
5	R$ 25,00	8,00%	R$ 1.500,00
6	R$ 40,00	4,00%	R$ 1.400,00
7	R$ 16,00	10,00%	R$ 1.400,00
8	R$ 60,00	1,00%	R$ 1.300,00
9	R$ 90,00	8,00%	R$ 1.700,00
10	R$ 50,00	2,00%	R$ 1.300,00
11	R$ 75,00	5,00%	R$ 1.500,00
12	R$ 33,00	6,00%	R$ 1.400,00
13	R$ 100,00	10,00%	R$ 1.800,00
14	R$ 66,00	2,00%	R$ 1.400,00
15	R$ 20,00	5,00%	R$ 1.300,00
16	R$ 55,00	9,00%	R$ 2.000,00
17	R$ 80,00	12,00%	R$ 2.500,00
18	R$ 100,00	5,00%	R$ 3.000,00
19	R$ 40,00	10,00%	R$ 1.300,00

	A	B	C	D
1		*Propaganda*	*Desconto*	*Vendas*
2	Propaganda	1		
3	Desconto	-0,129180006	1	
4	Vendas	0,592857942	0,27701789	1

Passo 2:
Ordenar a correlação das variáveis independentes com a variável dependente do maior valor para o menor.

Correlação variável independente x dependente	
Corr Propaganda, Vendas	0,592857942
Corr Desconto, Vendas	0,27701789

Passo 3:
Excluir do processo a variável de maior correlação com Vendas e testar as outras variáveis.

Testar a variável com a segunda maior correlação com a variável Vendas (no nosso caso é a variável Desconto).

Tabular a correlação entre a variável independente Desconto e a variável independente Propaganda (variável de maior correlação com Vendas).

Tabular a correlação entre a variável independente Propaganda e a variável dependente Vendas.

Tabular a correlação entre a variável independente Despesa e a variável dependente Vendas.

Teste variável	Desconto
Corr (P,D)	-0,129180006
Corr (P,V)	0,592857942
Corr (D,V)	0,27701789

Aceito a variável Desconto, pois não existe multicolinearidade, pois Corr (P,D) é menor que Corr (P,V) e é menor que Corr (D,V).

Não existe multicolinearidade entre as variáveis propaganda e desconto, ou seja, elas são variáveis independentes.

Caso com multicolinearidade

O dono da loja aumenta o desconto e as despesas com propaganda de forma simultânea quando as vendas caem e reduz o desconto e as despesas com propaganda de forma simultânea quando as vendas sobem.

Neste caso, as variáveis, desconto e propaganda, são interdependentes, ou seja, existe multicolinearidade.

Por causa da estratégia empresarial adotada pelo dono da loja, não é possível identificar o efeito de cada uma das variáveis na regressão.

Quando existe multicolinearidade entre as variáveis, uma solução é usar a equação gerada pela regressão linear simples (Vendas = a0 + a1 * Propaganda e Vendas = b0 + b1 * Desconto).

Variáveis Qualitativas x Quantitativas

As variáveis qualitativas não têm ordem (crescente ou decrescente), elas têm apenas categorias ou níveis. Exemplos de variáveis qualitativas:

- Gênero
- Fabricante
- Nível hierárquico
- Modelo
- Estado civil
- Contrato profissional
- Situação profissional (desempregado ou empregado)
- Característica particular de um ativo (imóvel perto do mar ou lago)

Modelo com Variável "Dummy" = modelo com variável qualitativa com 2 níveis (sim ou não, um ou zero, homem ou mulher etc.).

O modelo de regressão é dado pela seguinte equação: y = a0 + a1 * x1 + a2 * x2 + a3 * x3 + ... + an * xn.

Por exemplo:
y = a0 + a1 * x1 + a2 * x2
y = valor do imóvel
x1 = Área útil do imóvel

x2 = Imóvel perto do lago = se imóvel tem vista para o lago então x2 é igual a um, se imóvel não tem vista para o lago então x2 é igual a zero.

Logo, temos:

Para x2 = 1
y = a0 + a1 * x1 + a2 * 1 = (a0 + a2) + a1 * x1

Para x2 = 0
y = a0 + a1 * x1 + a2 * 0 = a0 + a1 * x1

Nos dois casos, a inclinação da reta é a mesma (a1 * x1), no entanto, o ponto de intercepto é diferente. No caso com vista para o lago é (a0 + a2) e no caso de sem vista para o lago é (a0).

Modelos de otimização

Técnica que permite resolver os problemas de maximização (por exemplo: lucro) ou minimização (por exemplo: custos).

Nesta técnica, o problema é transformado em uma equação matemática que é resolvida e cujo resultado gera uma decisão que realimenta o problema, criando assim um ciclo de otimização.

A maioria dos problemas reais enfrentados por empresas tem uma relação não linear e nestes casos, a otimização das decisões usa modelos não lineares.

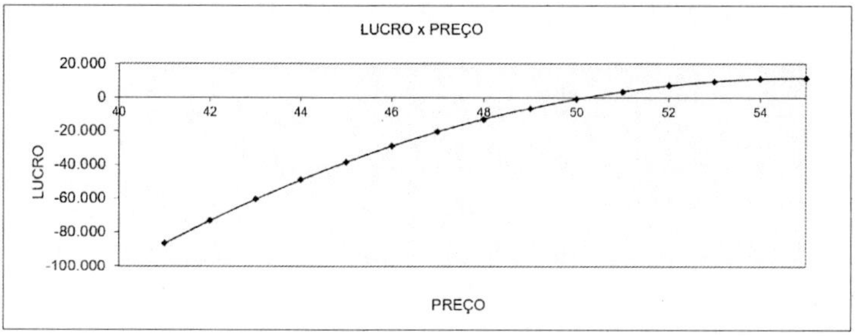

Por exemplo:

Vendas = 30.000 – 500 * Preço
Receita = Preço * Vendas
Custo Variável = R$50,00
Custo Fixo = R$ 1.000,00
Custo Variável Total = Custo Variável * Vendas
Lucro Total = Receita – Custo Variável Total – Custo Fixo

Problema: Determinação do preço ótimo de venda

Variável: P = preço de venda
Objetivo: maximizar o lucro

Lucro = Receita – Custo
Receita = Preço * Quantidade Vendida
Custo = Custo Fixo + Custo Variável * Quantidade vendida
Quantidade Vendida = 30.000 – 500 * Preço
Restrição: Preço é maior ou igual a zero

Cálculo do valor ótimo de Preço usando o Solver do Excel

Passo 1: Selecionar dados e Solver

Passo 2:
Selecionar objetivo (no nosso caso lucro = célula c11), "max" para maximização do lucro, célula variável (no nosso caso preço = célula c5), preencher restrição de preço maior ou igual a zero (c5 maior ou igual a zero) e apertar o botão resolver.

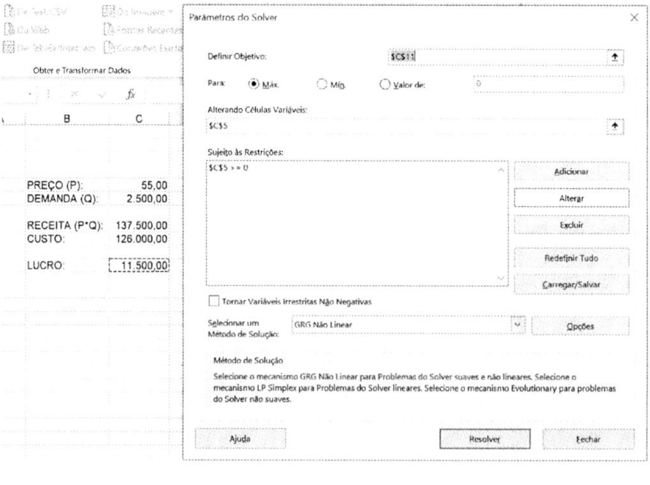

Passo 4:

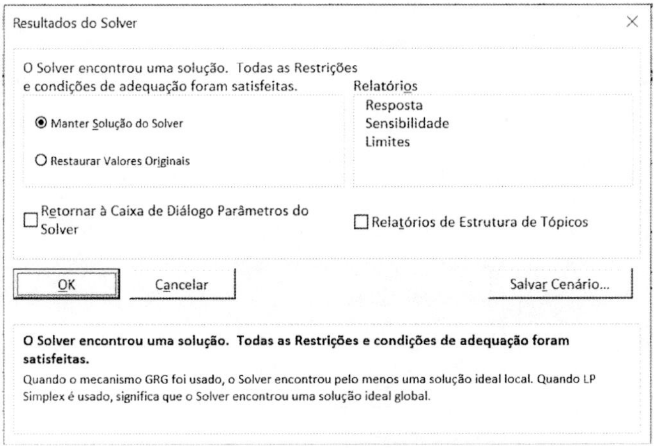

Apertar o botão "OK" e resultado do preço ótimo aparece na célula c5 (no nosso caso é 55,00)

Séries Temporais

Os modelos de séries temporais são usados quando a única informação disponível sobre eles são as observações ao longo do tempo. Os modelos de séries temporais são:

- Modelo de Média Móvel
- Modelo de Extrapolação de Tendências
- Modelo Autorregressivo
- Modelo com Sazonalidade

Modelo de Média Móvel

Exemplo: A previsão de vendas do mês é a média das vendas dos três meses anteriores.

Ano	Mês	Vendas
1998	Janeiro	109,10
	Fevereiro	109,50
	Março	110,20
	Abril	111,00
	Maio	112,40
	Junho	113,50
	Julho	114,70
	Agosto	114,50
	Setembro	113,00
	Outubro	113,90
	Novembro	113,80
	Dezembro	113,70
1999	Janeiro	112,10
	Fevereiro	112,50
	Março	112,90
	Abril	113,90
	Maio	114,20
	Junho	116,20
	Julho	117,10
	Agosto	116,70
	Setembro	115,50
	Outubro	116,30
	Novembro	116,30
	Dezembro	116,00
2000	Janeiro	114,80
	Fevereiro	115,00
	Março	115,80
	Abril	116,30
	Maio	117,00
	Junho	118,70

	Julho	119,50
	Agosto	119,10
	Setembro	117,50
	Outubro	118,20
	Novembro	118,20
	Dezembro	117,70
2001	Janeiro	116,00
	Fevereiro	116,30
	Março	117,10
	Abril	117,40
	Maio	118,30
	Junho	119,60
	Julho	120,00
	Agosto	119,20
	Setembro	118,00
	Outubro	118,30
	Novembro	117,60
	Dezembro	117,30
2002	Janeiro	115,00
	Fevereiro	115,20
	Março	115,60
	Abril	116,70
	Maio	116,60
	Junho	118,30
	Julho	118,80
	Agosto	117,90
	Setembro	117,30
	Outubro	117,60
	Novembro	117,10
	Dezembro	116,50

Previsão Abril 1998 = (Vendas Janeiro 1998 + Vendas Fevereiro 1998 + Vendas Março 1998) / 3

Previsão Maio 1998 = (Vendas Fevereiro 1998 + Vendas Março 1998 + Vendas Abril 1998) / 3

Previsão Junho 1998 = (Vendas Março 1998 + Vendas Abril 1998 + Vendas Maio 1998) / 3

Ano	Mês	Vendas	Previsão
1998	Janeiro	109,10	
	Fevereiro	109,50	
	Março	110,20	
	Abril	111,00	109,60
	Maio	112,40	110,23
	Junho	113,50	111,20
	Julho	114,70	112,30
	Agosto	114,50	113,53
	Setembro	113,00	114,23
	Outubro	113,90	114,07
	Novembro	113,80	113,80
	Dezembro	113,70	113,57
1999	Janeiro	112,10	113,80
	Fevereiro	112,50	113,20
	Março	112,90	112,77
	Abril	113,90	112,50
	Maio	114,20	113,10
	Junho	116,20	113,67
	Julho	117,10	114,77
	Agosto	116,70	115,83
	Setembro	115,50	116,67

	Outubro	116,30	116,43
	Novembro	116,30	116,17
	Dezembro	116,00	116,03
2000	Janeiro	114,80	116,20
	Fevereiro	115,00	115,70
	Março	115,80	115,27
	Abril	116,30	115,20
	Maio	117,00	115,70
	Junho	118,70	116,37
	Julho	119,50	117,33
	Agosto	119,10	118,40
	Setembro	117,50	119,10
	Outubro	118,20	118,70
	Novembro	118,20	118,27
	Dezembro	117,70	117,97
2001	Janeiro	116,00	118,03
	Fevereiro	116,30	117,30
	Março	117,10	116,67
	Abril	117,40	116,47
	Maio	118,30	116,93
	Junho	119,60	117,60
	Julho	120,00	118,43
	Agosto	119,20	119,30
	Setembro	118,00	119,60
	Outubro	118,30	119,07
	Novembro	117,60	118,50
	Dezembro	117,30	117,97
2002	Janeiro	115,00	117,73
	Fevereiro	115,20	116,63
	Março	115,60	115,83
	Abril	116,70	115,27

	Maio	116,60	115,83
	Junho	118,30	116,30
	Julho	118,80	117,20
	Agosto	117,90	117,90
	Setembro	117,30	118,33
	Outubro	117,60	118,00
	Novembro	117,10	117,60
	Dezembro	116,50	117,33

Exemplo: A previsão de vendas do mês é a média das vendas do mês e mês anterior.

Passo 1:
Selecionar a aba dados e depois análise de dados média móvel

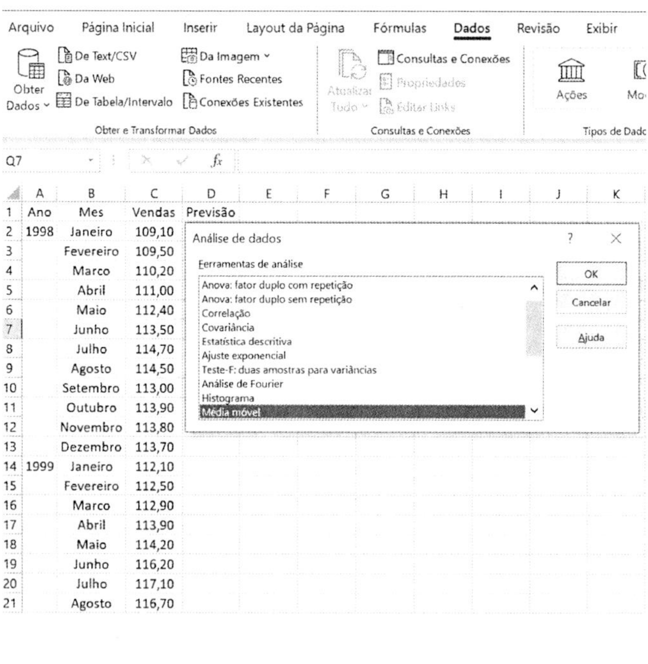

Passo 2:
Selecionar intervalo de entrada, quantidade de meses da média móvel, intervalo de saída e resultado do gráfico.

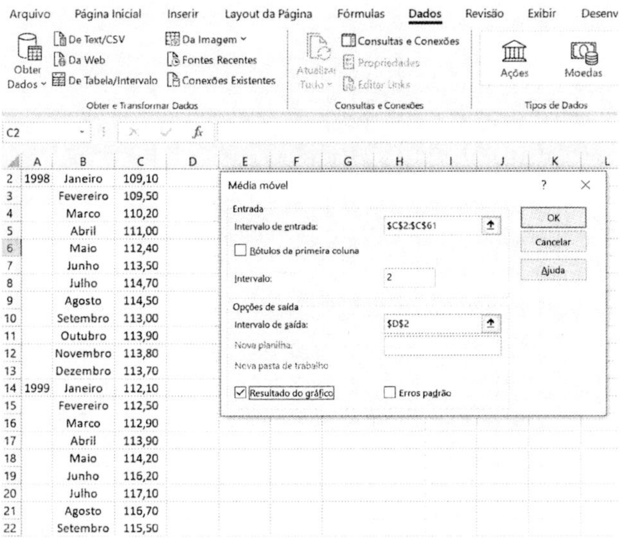

No nosso caso é média móvel de dois meses das vendas entre janeiro de 1998 e dezembro de 2022 e as previsões serão gravadas na coluna D, a partir da célula D2.

Ano	Mês	Vendas	Previsão
1998	Janeiro	109,10	#N/D
	Fevereiro	109,50	109,30
	Março	110,20	109,85
	Abril	111,00	110,60
	Maio	112,40	111,70
	Junho	113,50	112,95
	Julho	114,70	114,10
	Agosto	114,50	114,60
	Setembro	113,00	113,75

	Outubro	113,90	113,45
	Novembro	113,80	113,85
	Dezembro	113,70	113,75
1999	Janeiro	112,10	112,90
	Fevereiro	112,50	112,30
	Março	112,90	112,70
	Abril	113,90	113,40
	Maio	114,20	114,05
	Junho	116,20	115,20
	Julho	117,10	116,65
	Agosto	116,70	116,90
	Setembro	115,50	116,10
	Outubro	116,30	115,90
	Novembro	116,30	116,30
	Dezembro	116,00	116,15
2000	Janeiro	114,80	115,40
	Fevereiro	115,00	114,90
	Março	115,80	115,40
	Abril	116,30	116,05
	Maio	117,00	116,65
	Junho	118,70	117,85
	Julho	119,50	119,10
	Agosto	119,10	119,30
	Setembro	117,50	118,30
	Outubro	118,20	117,85
	Novembro	118,20	118,20
	Dezembro	117,70	117,95
2001	Janeiro	116,00	116,85
	Fevereiro	116,30	116,15
	Março	117,10	116,70
	Abril	117,40	117,25

	Maio	118,30	117,85
	Junho	119,60	118,95
	Julho	120,00	119,80
	Agosto	119,20	119,60
	Setembro	118,00	118,60
	Outubro	118,30	118,15
	Novembro	117,60	117,95
	Dezembro	117,30	117,45
2002	Janeiro	115,00	116,15
	Fevereiro	115,20	115,10
	Março	115,60	115,40
	Abril	116,70	116,15
	Maio	116,60	116,65
	Junho	118,30	117,45
	Julho	118,80	118,55
	Agosto	117,90	118,35
	Setembro	117,30	117,60
	Outubro	117,60	117,45
	Novembro	117,10	117,35
	Dezembro	116,50	116,80

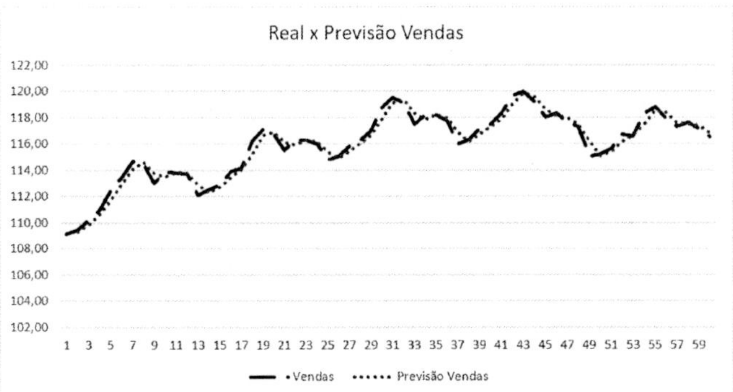

Modelo de Extrapolação de Tendência

Ano	Produção milho (toneladas)
1.991	3
1.992	10
1.993	22
1.994	33
1.995	44
1.996	64
1.997	87
1.998	91
1.999	104

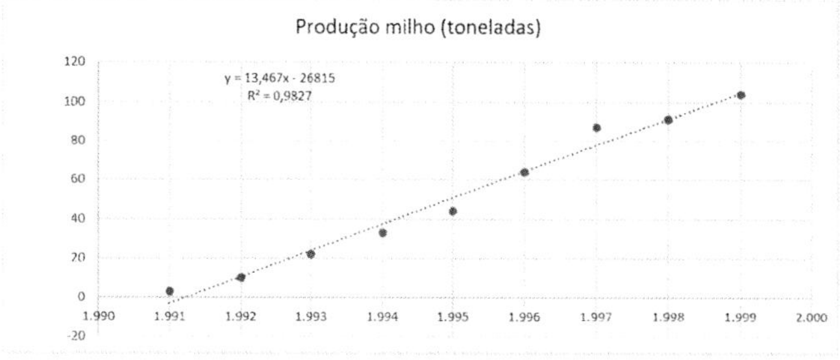

Produção milho = -26.815 + 13,367 * x, onde x = ano

Produção milho 2001 = -26.815 + 13,367 * 2001 = 132 toneladas

Ano	Produção milho (toneladas)
1.991	3
1.992	10
1.993	22
1.994	33

1.995	44
1.996	64
1.997	87
1.998	91
1.999	104
2.001	132

Modelo Autorregressivo

Passo 1:

Tabelar os valores em termos da produção do ano atual e do ano anterior.

Ano	Produção milho (toneladas)	Produção milho ano anterior (toneladas)
1.992	10	3
1.993	22	10
1.994	33	22
1.995	44	33
1.996	64	44
1.997	87	64
1.998	91	87
1.999	104	91

Passo1:

Selecionar a ferramenta regressão da análise de dados do Excel.

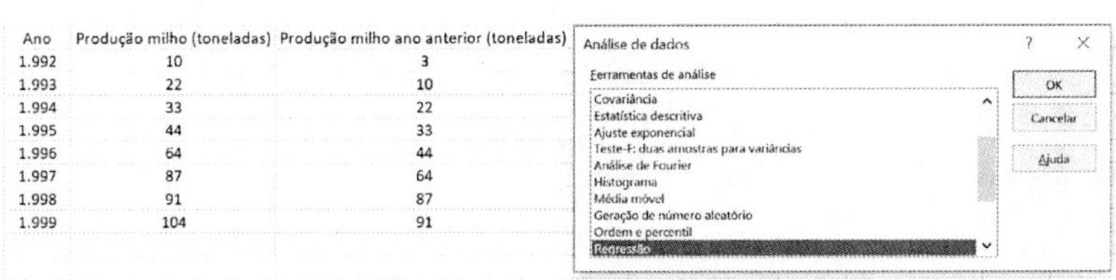

Passo 2:
Selecionar o intervalo do Y (variável dependente) e do X (variável independente).

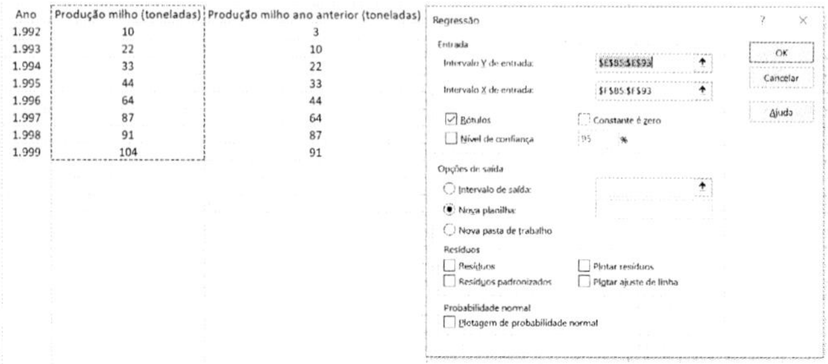

Passo 3:
Analisar os resultados da regressão do Excel.

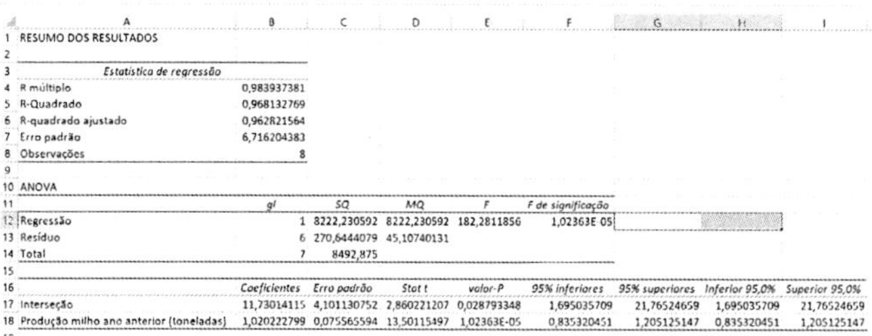

RESUMO DOS RESULTADOS

Estatística de regressão	
R múltiplo	0,983937381
R-Quadrado	0,968132769
R-quadrado ajustado	0,962821564
Erro padrão	6,716204383
Observações	8

ANOVA

	gl	*SQ*	*MQ*	*F*	*F de significação*
Regressão	1	8222,230592	8222,230592	182,2811856	1,02363E-05
Resíduo	6	270,6444079	45,10740131		
Total	7	8492,875			

	Coeficientes	*Erro padrão*	*Stat t*	*valor-P*	*95% inferiores*	*95% superiores*	*Inferior 95,0%*	*Superior 95,0%*
Interseção	11,73014115	4,101130752	2,860221207	0,028793348	1,695035709	21,76524659	1,695035709	21,76524659
Produção milho ano anterior (toneladas)	1,020222799	0,075565594	13,50115497	1,02363E-05	0,835320451	1,205125147	0,835320451	1,205125147

Indícios de que a relação linear entre a variável dependente e independente explica o fenômeno

R2 é alto (quanto mais próximo de 1 é melhor)

Intervalo de confiança do parâmetro é dado na coluna 95% inferiores e 95% superiores. No caso do exemplo: Interseção - 95% inferiores = 1,69503570851388 e 95% superiores = 21,765246587834 / Produção milho ano anterior (toneladas) - 95% inferiores = 0,83532045076032 e 95% superiores = 1,20512514706233

O valor-P é menor que 0,05. Valor-P abaixo de 5% confirma que R^2 não é alto por acaso, ou seja, é baixa a probabilidade de o valor previsto não corresponder à realidade.

O valor do Stat t (coeficiente/erro padrão) para o coeficiente Interseção é 2,86022120680801 e para o coeficiente Produção milho ano anterior (toneladas) é 13,5011549741147, ou seja, os coeficientes são razoavelmente maiores que o seu respectivo erro padrão, isto significa que é alta a probabilidade de que os coeficientes estejam longe do zero.

O erro padrão (desvio padrão estimado do erro da equação de regressão) é 6,71620438285788, ou seja, ele é razoavelmente pequeno o que significa que dentro do intervalo estudado o modelo tem um nível aceitável de acurácia.

Ano	Produção milho (toneladas) Real	Produção milho (toneladas) Previsão
1.992	10	15
1.993	22	22
1.994	33	34
1.995	44	45
1.996	64	57
1.997	87	77
1.998	91	100
1.999	104	105

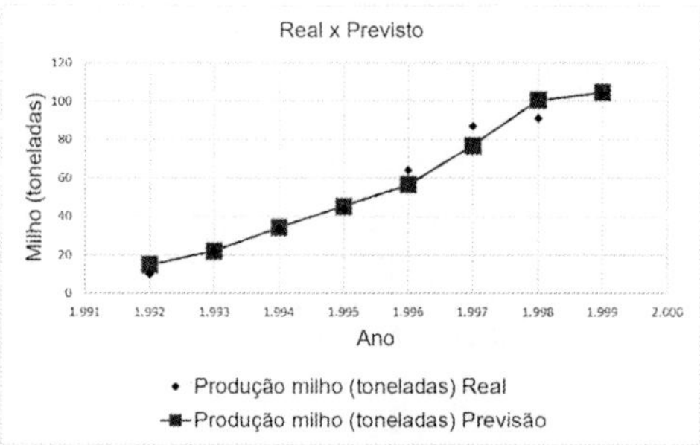

Modelo com Sazonalidade

Determinação do componente sazonal de uma série temporal

Y = L * S * I, onde:
L = Tendência de Longo Prazo
S = Componente Sazonal
I = Componente Irregular

Vendas (R$)	
t	y (t)
janeiro-85	105,00
fevereiro-85	114,00
março-85	124,00
abril-85	133,00
maio-85	145,00
junho-85	165,00
julho-85	149,00
agosto-85	138,00
setembro-85	129,00
outubro-85	118,00
novembro-85	112,00
dezembro-85	104,00
janeiro-86	269,85
fevereiro-86	292,98
março-86	318,68
abril-86	341,81
maio-86	372,65
junho-86	424,05
julho-86	382,93
agosto-86	354,66
setembro-86	331,53
outubro-86	303,26
novembro-86	287,84
dezembro-86	267,28
janeiro-87	373,80
fevereiro-87	405,84
março-87	441,44

abril-87	473,48
maio-87	516,20
junho-87	587,40
julho-87	530,44
agosto-87	491,28
setembro-87	459,24
outubro-87	420,08
novembro-87	398,72
dezembro-87	370,24
janeiro-88	420,00
fevereiro-88	456,00
março-88	496,00
abril-88	532,00
maio-88	580,00
junho-88	660,00
julho-88	596,00
agosto-88	552,00
setembro-88	516,00
outubro-88	472,00
novembro-88	448,00
dezembro-88	416,00
janeiro-89	479,85
fevereiro-89	520,98
março-89	566,68
abril-89	607,81
maio-89	662,65
junho-89	754,05
julho-89	680,93
agosto-89	630,66

setembro-89	589,53
outubro-89	539,26
novembro-89	511,84
dezembro-89	475,28
janeiro-90	525,00
fevereiro-90	570,00
março-90	620,00
abril-90	665,00
maio-90	725,00
junho-90	825,00
julho-90	745,00
agosto-90	690,00
setembro-90	645,00
outubro-90	590,00
novembro-90	560,00
dezembro-90	520,00
janeiro-91	525,00
fevereiro-91	570,00
março-91	620,00
abril-91	665,00
maio-91	725,00
junho-91	825,00
julho-91	745,00
agosto-91	690,00
setembro-91	645,00
outubro-91	590,00
novembro-91	560,00
dezembro-91	520,00
janeiro-92	679,35

fevereiro-92	737,58
março-92	802,28
abril-92	860,51
maio-92	938,15
junho-92	1067,55
julho-92	964,03
agosto-92	892,86
setembro-92	834,63
outubro-92	763,46
novembro-92	724,64
dezembro-92	672,88

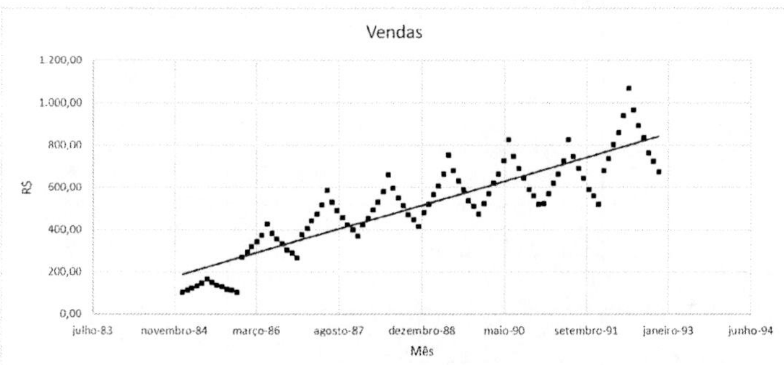

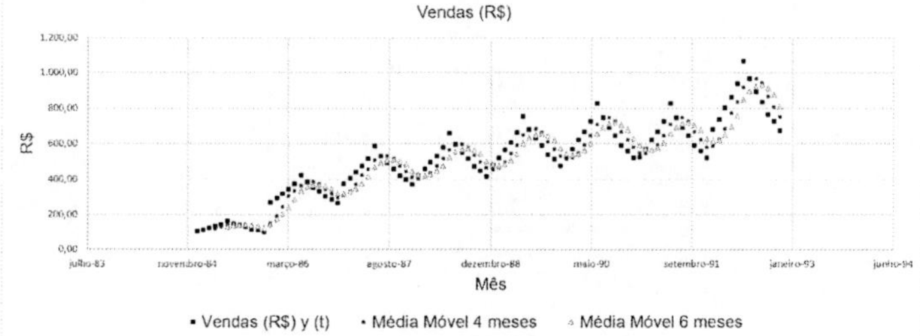

O gráfico da média móvel de 6 meses demonstra com maior precisão a curva de tendência em relação ao real.

Nos momentos de transição (alta para baixa ou da baixa para a alta), a média móvel de 6 meses prevê antes que a média móvel de 4 meses, a mudança ocorrida nas vendas reais.

Remover a tendência de longo prazo (L)

Passo 1:
Método para calcular a tendência de longo prazo (L)
y(junho-85) = (y (janeiro-85) + ... + y (dezembro-85)) / 12
y(julho-85) = (y (fevereiro-85) + ... + y (janeiro-86)) / 12
e assim sucessivamente.

t	y(t)
janeiro-85	
fevereiro-85	
março-85	
abril-85	
maio-85	
junho-85	128,00
julho-85	141,74
agosto-85	156,65
setembro-85	172,88
outubro-85	190,28
novembro-85	209,25
dezembro-85	230,84
janeiro-86	250,33
fevereiro-86	268,38
março-86	285,26
abril-86	300,70

maio-86	315,35
junho-86	328,96
julho-86	337,62
agosto-86	347,03
setembro-86	357,26
outubro-86	368,23
novembro-86	380,19
dezembro-86	393,81
janeiro-87	406,10
fevereiro-87	417,48
março-87	428,13
abril-87	437,86
maio-87	447,10
junho-87	455,68
julho-87	459,53
agosto-87	463,71
setembro-87	468,26
outubro-87	473,13
novembro-87	478,45
dezembro-87	484,50
janeiro-88	489,96
fevereiro-88	495,02
março-88	499,75
abril-88	504,08
maio-88	508,19
junho-88	512,00
julho-88	516,99
agosto-88	522,40
setembro-88	528,29

outubro-88	534,61
novembro-88	541,50
dezembro-88	549,34
janeiro-89	556,41
fevereiro-89	562,97
março-89	569,10
abril-89	574,70
maio-89	580,02
junho-89	584,96
julho-89	588,72
agosto-89	592,81
setembro-89	597,25
outubro-89	602,02
novembro-89	607,21
dezembro-89	613,13
janeiro-90	618,46
fevereiro-90	623,41
março-90	628,03
abril-90	632,26
maio-90	636,27
junho-90	640,00
julho-90	640,00
agosto-90	640,00
setembro-90	640,00
outubro-90	640,00
novembro-90	640,00
dezembro-90	640,00
janeiro-91	640,00
fevereiro-91	640,00

março-91	640,00
abril-91	640,00
maio-91	640,00
junho-91	640,00
julho-91	652,86
agosto-91	666,83
setembro-91	682,02
outubro-91	698,31
novembro-91	716,07
dezembro-91	736,29
janeiro-92	754,54
fevereiro-92	771,44
março-92	787,25
abril-92	801,70
maio-92	815,42
junho-92	828,16
julho-92	
agosto-92	
setembro-92	
outubro-92	
novembro-92	
dezembro-92	

Passo 2:
Remoção da Tendência a Longo Prazo (L)
$(L * S * I) / L = S * I = y(t) / \bar{y}(t) = z(t)$

Vendas (R$)		
t	y (t)	z(t)
janeiro-85	105,00	
fevereiro-85	114,00	
março-85	124,00	
abril-85	133,00	
maio-85	145,00	
junho-85	165,00	1,29
julho-85	149,00	1,05
agosto-85	138,00	0,88
setembro-85	129,00	0,75
outubro-85	118,00	0,62
novembro-85	112,00	0,54
dezembro-85	104,00	0,45
janeiro-86	269,85	1,08
fevereiro-86	292,98	1,09
março-86	318,68	1,12
abril-86	341,81	1,14
maio-86	372,65	1,18
junho-86	424,05	1,29
julho-86	382,93	1,13
agosto-86	354,66	1,02
setembro-86	331,53	0,93
outubro-86	303,26	0,82
novembro-86	287,84	0,76
dezembro-86	267,28	0,68
janeiro-87	373,80	0,92

fevereiro-87	405,84	0,97
março-87	441,44	1,03
abril-87	473,48	1,08
maio-87	516,20	1,15
junho-87	587,40	1,29
julho-87	530,44	1,15
agosto-87	491,28	1,06
setembro-87	459,24	0,98
outubro-87	420,08	0,89
novembro-87	398,72	0,83
dezembro-87	370,24	0,76
janeiro-88	420,00	0,86
fevereiro-88	456,00	0,92
março-88	496,00	0,99
abril-88	532,00	1,06
maio-88	580,00	1,14
junho-88	660,00	1,29
julho-88	596,00	1,15
agosto-88	552,00	1,06
setembro-88	516,00	0,98
outubro-88	472,00	0,88
novembro-88	448,00	0,83
dezembro-88	416,00	0,76
janeiro-89	479,85	0,86
fevereiro-89	520,98	0,93
março-89	566,68	1,00
abril-89	607,81	1,06
maio-89	662,65	1,14
junho-89	754,05	1,29

julho-89	680,93	1,16
agosto-89	630,66	1,06
setembro-89	589,53	0,99
outubro-89	539,26	0,90
novembro-89	511,84	0,84
dezembro-89	475,28	0,78
janeiro-90	525,00	0,85
fevereiro-90	570,00	0,91
março-90	620,00	0,99
abril-90	665,00	1,05
maio-90	725,00	1,14
junho-90	825,00	1,29
julho-90	745,00	1,16
agosto-90	690,00	1,08
setembro-90	645,00	1,01
outubro-90	590,00	0,92
novembro-90	560,00	0,88
dezembro-90	520,00	0,81
janeiro-91	525,00	0,82
fevereiro-91	570,00	0,89
março-91	620,00	0,97
abril-91	665,00	1,04
maio-91	725,00	1,13
junho-91	825,00	1,29
julho-91	745,00	1,14
agosto-91	690,00	1,03
setembro-91	645,00	0,95
outubro-91	590,00	0,84
novembro-91	560,00	0,78

dezembro-91	520,00	0,71
janeiro-92	679,35	0,90
fevereiro-92	737,58	0,96
março-92	802,28	1,02
abril-92	860,51	1,07
maio-92	938,15	1,15
junho-92	1.067,55	1,29
julho-92	964,03	
agosto-92	892,86	
setembro-92	834,63	
outubro-92	763,46	
novembro-92	724,64	
dezembro-92	672,88	

Passo 3:
Remoção efeito da irregularidade (I)

z(t) = S * I
z (t) = (S * I) / I = S

z(janeiro) = (z(janeiro-86) + z(janeiro-87) + z(janeiro-88) + z(janeiro-89) + z(janeiro-90) + z(janeiro-91) + z(janeiro-92)) / 7

z(fevereiro) = (z(fevereiro-86) + z(fevereiro-87) + z(fevereiro-88) + z(fevereiro-89) + z(fevereiro-90) + z(fevereiro-91) + z(fevereiro-92)) / 7

z(março) = (z(março-86) + z(março-87) + z(março-88) + z(março-89) + z(março-90) + z(março-91) + z(março-92)) / 7

z(abril) = (z(abril-86) + z(abril-87) + z(abril-88) + z(abril-89) + z(abril-90) +z(abril -91) + z(abril-92)) / 7

z(maio) = (z(maio-86) + z(maio-87) + z(maio-88) + z(maio-89) + z(maio-90) +z(maio-91) + z(maio-92)) / 7

z(junho) = (z(junho-85) + z(junho-86) + z(junho-87) + z(junho-88) + z(junho-89) + z(junho-90) +z(junho-91) + z(junho-92)) / 8

z(julho) = (z(julho-85) + z(julho-86) + z(julho-87) + z(julho-88) + z(julho-89) + z(julho-90) +z(julho-91)) / 7

z(agosto) = (z(agosto-85) + z(agosto-86) + z(agosto-87) + z(agosto-88) + z(agosto-89) + z(agosto-90) +z(agosto-91)) / 7

z(setembro) = (z(setembro-85) + z(setembro-86) + z(setembro-87) + z(setembro-88) + z(setembro-89) + z(setembro-90) +z(setembro-91)) / 7

z(outubro) = (z(outubro-85) + z(outubro-86) + z(outubro-87) + z(outubro-88) + z(outubro-89) + z(outubro-90) +z(outubro-91)) / 7

z(novembro) = (z(novembro-85) + z(novembro-86) + z(novembro-87) + z(novembro-88) + z(novembro-89) + z(novembro-90) +z(novembro-91)) / 7

z(dezembro) = (z(dezembro-85) + z(dezembro-86) + z(dezembro-87) + z(dezembro-88) + z(dezembro-89) + z(dezembro-90) +z(dezembro-91)) / 7

t	z(t) Médio
Janeiro	0,90
Fevereiro	0,95
Março	1,02
Abril	1,07
Maio	1,15
Junho	1,29

Julho	1,14
Agosto	1,03
Setembro	0,94
Outubro	0,84
Novembro	0,78
Dezembro	0,71
Somatória	11,80
Média	0,98

Passo 4:
Calcular fator de sazonalidade (S)

S(t) = z (t) * (Somatória (z(janeiro) + ... + z(dezembro)) / 12)

t	S(t)
Janeiro	0,88
Fevereiro	0,94
Março	1,00
Abril	1,05
Maio	1,13
Junho	1,27
Julho	1,12
Agosto	1,01
Setembro	0,92
Outubro	0,83
Novembro	0,77
Dezembro	0,69

Futuro do Smart System

Saúde

Câncer

No mundo, milhões de pessoas morrem de câncer todos os anos segundo a Organização Mundial da Saúde (OMS).

A taxa de sobrevida da doença só aumenta quando o diagnóstico é precoce, por isso, o mapeamento das pessoas com alto risco de desenvolver a doença é capaz de reduzir a mortalidade do câncer.

Os pesquisadores estão usando a inteligência artificial para simplificar o processo de mapeamento e para aumentar a sua acuracidade.

Os cientistas estão usando os dados disponíveis dos prontuários eletrônicos para treinar a inteligência artificial.

O objetivo é desenvolver um modelo que simplifique o processo de previsão de uma pessoa contrair câncer nos próximos cinco anos.

Os diversos fatores de risco para o câncer estão sendo considerados na construção de um modelo capaz de prever o desenvolvimento do câncer em até cinco anos antes do seu diagnóstico.

O modelo atual desenvolvido pelos pesquisadores consegue prever com maior acuracidade o desenvolvimento do câncer em comparação com os outros modelos em uso.

Os pesquisadores estão usando a IA para detectar precocemente o câncer através do exame de sangue.

A inteligência artificial é capaz de identificar os padrões e as diferenças em milhares de exames de sangue e detectar precocemente o câncer.

Especialistas em saúde estão treinando os modelos de IA para prever o câncer através de um exame de sangue.

O exame de sangue inteligente revelará para os médicos se o paciente está numa faixa de risco alta, intermediária ou baixa em relação ao câncer.

Ansiedade e depressão

Dentro de alguns anos, a inteligência artificial será usada para criar os modelos de predição de ansiedade e depressão.

Arritmias

Em breve, a inteligência artificial será usada na análise das arritmias assintomáticas para gerar um alerta sobre o risco de acidente vascular cerebral.

A maioria das arritmias é assintomática e por isso, as pessoas com esta doença raramente fazem exames cardíacos.

A inteligência artificial será incorporada ao exame cardíaco para detectar quando a batida cardíaca fica lenta (bradicardia) ou acelerada (taquicardia) sem motivo aparente.

Na extrassístole, o músculo cardíaco contrai para bombear o sangue e contrai de novo, sem relaxar.

Na fibrilação atrial, os átrios batem mais de 400 vezes por minuto, e por isso, não contraem e não relaxam.

Eles ficam tremendo (fibrilando) e os médicos estão usando a IA para detectar esse problema nas pessoas.

Na fibrilação atrial, o sangue fica malparado porque os átrios vibram em vez de contrair e pode formar um coágulo.

A bolota de sangue tem a tendência de sair do coração e entupir um dos vasos do cérebro gerando um acidente vascular cerebral isquêmico.

Os relógios inteligentes estão sendo usados no diagnóstico das arritmias, pois a IA é capaz de detectar uma frequência cardíaca alterada.

Os relógios inteligentes modernos são capazes de fazer derivações de um eletrocardiograma (por exemplo, fazer uma comparação do eixo formado pela corrente elétrica entre um braço e outro).

Cada derivação é uma câmera virtual que mostra o que acontece com o coração de frente, de trás e de lado.

Os dispositivos de vestir (camisas, camisetas etc.) são capazes de detectar a fibrilação atrial.

Os testes com os dispositivos de vestir foram confirmados por um eletrocardiograma.

Em alguns hospitais, todos os eletrocardiogramas do pronto-socorro e da UTI cardiológica são analisados por uma plataforma de inteligência artificial que em menos de três minutos gera um laudo.

Existem também hospitais em que todos os eletrocardiogramas realizados alimentam a plataforma de IA que faz uma busca ativa dos casos de fibrilação.

Na fibrilação atrial paroxística, o tremor do coração acontece por um período e para, e depois volta, ou seja, é um risco persistente de acidente vascular cerebral, pois a pessoa pode fazer o eletrocardiograma em um dia em que o coração está funcionando normalmente e no dia seguinte tudo muda.

A inteligência artificial é capaz de detectar os indícios mais sutis do eletrocardiograma quando ele é realizado em um dia em que o coração está funcionando normalmente.

O consumo de álcool está relacionado com a fibrilação atrial, pois o coração fibrila imediatamente.

No futuro, os relógios inteligentes e a inteligência artificial gerarão alarmes de risco, causados pelo consumo de álcool.

Alzheimer

Foi revelado que uma IA foi capaz de detectar com 90% de precisão a existência de pré-condições para o aparecimento da doença Alzheimer. Fonte: Detecção de Alzheimer e ajuda para cego 'ver': os 5 usos mais geniais da IA, https://www.uol.com.br/tilt/noticias/redacao/2024/06/27/deteccao-de-alzheimer-e-ajuda-para-cego-ver-os-5-usos-mais-geniais-da-ia.htm, acessado em 27/06/2024.

Operadoras de Saúde

Foi revelado que em 2022 o prejuízo operacional das operadoras de saúde foi de R$11,5 bilhões. No quarto trimestre de 2022, o índice de sinistralidade foi de 89,21%.

Em 2017, foram gastos cerca de R$ 28 bilhões em procedimentos médicos desnecessários e em fraudes nas contas hospitalares. Fonte: Crise aperta na saúde suplementar e operadoras buscam alternativas, https://www.previva.com.br/novosite/crise-aperta-na-saude-suplementar-e-operadoras-buscam-alternativas/, acessado em 11/12/2023.

Foi revelado que as fraudes e os desperdícios causaram em 2022 prejuízos de até 34 bilhões de reais para os planos de saúde. Fonte: Perdas com fraudes contra planos de saúde chegam a R$ 34 bi, diz novo relatório do setor, https://www1.folha.uol.com.br/mercado/2023/11/perdas-com-fraudes-contra-planos-de-saude-chegam-a-r-34-bi-diz-novo-relatorio-do-setor.shtml, acessado em 11/12/2023.

Foi revelado que uma análise das contas hospitalares mostrou que 18% são fraudes e 40% são exames desnecessários. Fonte: Planos de saúde estão num beco sem saída e a única opção é a prevenção, https://www1.folha.uol.com.br/colunas/drauziovarella/2023/10/planos-de-saude-estao-num-beco-sem-saida-e-a-unica-opcao-e-a-prevencao.shtml, acessado em 11/12/2023.

A inteligência artificial é capaz de resolver os desafios logísticos da triagem personalizada dos pacientes e de criar um programa de prevenção de doenças e de combate às fraudes e desperdícios.

Por exemplo, os estudos existentes revelam que a inteligência artificial pode ser usada para prever com precisão o risco de câncer usando apenas informações fáceis de capturar nas consultas médicas presenciais ou virtuais.

O novo modelo simplifica bastante o processo atual e é capaz de criar uma realidade nova para os cuidados cotidianos de saúde.

O futuro da medicina preventiva passa pela inteligência artificial, pois a abordagem usada para prever o risco de câncer, pode ser utilizada para outras doenças (hipertensão arterial, diabetes, obesidade etc.).

A inteligência artificial é capaz de ajudar na prevenção de doenças cardiovasculares, diabetes tipo 2 etc.

Pecuária e Pets

Foi revelado que a inteligência artificial contribui para a evolução genética das sementes, para a melhoria dos defensivos químicos, para a otimização da gestão administrativa, para a melhoria da logística, para o monitoramento de pragas e doenças, para a aplicação ótima dos insumos, para a previsão de safra e do clima, para monitorar os batimentos cardíacos, a temperatura do corpo do rebanho etc. Fonte: IA vira realidade em fazendas com 'smartwatch de vacas' e trator tipo Tesla, https://www.uol.com.br/tilt/noticias/redacao/2024/06/27/smartwatch-das-vacas-mostra-que-ia-ja-muda-realidade-em-fazendas.htm, acessado em 27/06/2004.

Pesquisadores brasileiros estão trabalhando no desenvolvimento de um aplicativo inteligente que calcula o peso de um animal.

Os pesquisadores estão desenvolvendo uma ferramenta em que os pecuaristas poderão estimar o peso dos seus animais através de uma fotografia.

Eles criaram um modelo matemático a partir de medidas morfométricas capaz de prever as informações sobre esqueleto do animal.

Os cuidadores e criadores de animais precisam ter informações sobre o peso do animal para elaborar a sua dieta, para saber se o animal está pronto para o abate, para aplicar um medicamento etc.

Na pecuária, as grandes propriedades pesam os animais frequentemente, mas o pequeno e médio produtores não têm balanças.

Os cuidadores de gatos e cachorros em geral não têm na sua casa uma balança para pesar os seus animais (em especial cachorros de grande porte como goldens).

Como a obesidade é uma realidade atual entre os pets, os cuidadores poderão usar no futuro o aplicativo para conhecer o peso do seu pet, para balancear a dieta deles, para configurar dinamicamente a quantidade de ração disponibilizada pelo comedouro automatizado.

Detector de emoções

Os pesquisadores estão usando a inteligência artificial para analisar os sinais elétricos gerados pelo cérebro para identificar a emoção das pessoas e dos animais (depressão, tristeza, alegria, dor etc.).

Uma inteligência artificial está sendo treinada usando um banco de dados de um laboratório nos Estados Unidos (os sinais elétricos estão sendo capturados através de uma touca colocada na cabeça da pessoa ou animal).

Em breve, as pessoas com o cérebro funcionando, em coma ou sem capacidade de comunicação (por exemplo, sequela de um acidente vascular cerebral) poderão expressar os seus sentimentos.

No futuro próximo, os cachorros, gatos e outros animais poderão expressar seus sentimentos para os tutores, cuidadores, adestradores etc.

Astronomia

A inteligência artificial está sendo utilizada para analisar a dinâmica dos asteroides.

Em breve, será possível reduzir drasticamente o tempo de análise (atualmente é um trabalho de observação visual), para identificar a idade dos asteroides e para calcular a velocidade inicial na qual eles foram ejetados.

Meio ambiente

No futuro, a inteligência artificial será fartamente usada nas pesquisas relacionadas com a exploração de recursos energéticos e armazenamento de CO2.

Cidadania

Nos próximos anos a IA acelerará o atendimento das demandas das pessoas sobre as ações governamentais ao reduzir as respostas aos pedidos de informações de 30 dias para poucos segundos.

Incêndios nas matas

Em breve, as câmeras inteligentes identificarão os focos de incêndio na mata e reduzirão de 10 minutos para 1,5 minutos o tempo de resposta dos bombeiros.

Odontologia

A inteligência artificial será utilizada para identificar o nível de risco de perda dentária e óssea de uma pessoa.

Linguagem

A inteligência artificial será utilizada para traduzir em linguagem simples os termos jurídicos usados nos atos judiciais.

Aviação

Em breve, as empresas aéreas usarão a inteligência artificial para reduzir o tempo de preparação dos aviões.

As tecnologias inteligentes estão sendo utilizadas para identificar os atrasos dos processos da cadeia produtiva da preparação de um avião e para prever atrasos nos voos.

No futuro, todas as companhias aéreas usarão a inteligência artificial para agilizar as suas operações em solo.

As empresas aéreas estão usando a IA, para monitorar os objetos e funcionários que estão ao redor das aeronaves quando elas estão estacionadas na área de embarque do aeroporto para identificar as falhas existentes nos processos.

O sistema inteligente monitora o avião estacionado, as carretas, as pontes de embarque conectadas com a aeronave etc.

Todos os elementos em torno do avião são monitorados (veículos que transportam combustível, balizadores, caminhões etc.).

O sistema de monitoramento inteligente é capaz de eliminar os atrasos, economizar combustível etc.

O problema da demora do balizador para levar o avião para o portão de embarque e desembarque será resolvido com a IA.

O balizador precisa chegar ao local correto cerca de três minutos antes de a aeronave chegar para evitar que o avião tenha que parar.

O avião precisa acelerar de novo e gasta mais combustível e tempo quando ele para.

O sistema inteligente monitora também os processos de acoplagem ao portão de embarque e de entrega de recursos de solo para a aeronave (ar-condicionado, energia elétrica etc.).

Educação

O desenvolvimento intelectual de crianças e adolescentes, baseado em estratégias de ensino de registro e replicação de conteúdo, é bastante ineficiente, pois o educador deve atuar como um facilitador da criatividade e do pensamento crítico.

As plataformas de ensino estão incorporando a IA para oferecer roteiros personalizados de ensino para os alunos, para facilitar o entendimento dos conceitos matemáticos, para sugerir tarefas interativas e com grau crescente de dificuldade, para ser um assistente virtual do aluno nas leituras, para criar uma estrutura lógica e racional na tomada de decisões, para facilitar o entendimento da realidade local, regional e mundial etc.

Nos próximos anos, a IA "invadirá" a maior parte do mercado das plataformas de ensino.

Diversos educadores acreditam que o ensino sofrerá um salto de qualidade nas próximas décadas.

Alguns educadores entendem que existe um risco de padronização do pensamento humano por causa da capacidade dos algoritmos das plataformas inteligentes de ensino, de decidir os processos educacionais.

A interação dos alunos com os assistentes virtuais é impessoal e é capaz de confundir a cabeça dos alunos mais jovens e de fragilizar o desenvolvimento da capacidade dos estudantes de formular argumentos.

A governança da IA é de vital importância para que os alunos não desenvolvam um sentimento de invalidez intelectual.

A inteligência artificial precisa ser treinada para intensificar a voz própria dos alunos.

A governança da IA deve criar regras e políticas para que o assistente virtual não manipule a mente dos alunos.

A governança da IA educacional deve criar um conjunto de regras para que os assistentes virtuais não sejam vistos como um amigo pelos estudantes.

Ela deve estabelecer as regras para impedir que o assistente virtual das plataformas de ensino trabalhe a cabeça dos alunos e manipule o pensamento deles na direção de valores e ideologias não previstos no arcabouço jurídico.

Os assistentes virtuais devem ajudar aos alunos com baixo nível de iniciativa empurrando-os na direção da experimentação e do conhecimento amplo.

Diversas escolas estão trabalhando na capacitação dos professores nas ferramentas de inteligência artificial para estimular o desenvolvimento do senso crítico dos alunos.

Os professores destas escolas permitem que os estudantes usem a IA como um instrumento de trabalho.

Os educadores estão usando as plataformas inteligentes para preparar as aulas, criar estratégias pedagógicas, melhorar o método de avaliação dos alunos e para desenvolver a capacidade de pesquisa dos estudantes.

Os professores estão solicitando que os alunos desenvolvam textos dissertativos e argumentativos para defender as suas opiniões pessoais nas redações.

As escolas que aderiram as ferramentas da IA, estão analisando os textos criados pela inteligência artificial e estimulando os alunos para criar os seus próprios textos.

O uso da IA pelos docentes é uma das estratégias para criar a consciência ética nos alunos, para melhorar a qualidade dos textos e para desenvolver o raciocínio lógico.

Muitos alunos têm interesse em comentar e opinar sobre os textos criados pela IA e com isso os docentes estimulam as reflexões dos alunos ao mesmo tempo em que melhoram a capacidade deles de pesquisar a veracidade das informações.

Os docentes que permitem o uso da IA pelos alunos criam um ambiente em que eles aprofundam os seus conhecimentos nas ferramentas inteligentes, e em diversos casos desestimulam a "cola" nas tarefas escolares.

Os alunos estão usando a inteligência artificial para esclarecer as suas dúvidas em Matemática, Português, Biologia, Geografia etc.

O uso das plataformas inteligentes durante as aulas permite que os alunos esclareçam as suas dúvidas em tempo real.

São raros os casos em que os docentes conseguem parar a aula para esclarecer totalmente a dúvida de um aluno.

O problema dos alunos com elevada performance estarem em uma aula em que eles sabem a matéria que está sendo ministrada é resolvido com a personalização do ensino oferecida pela IA.

As novas plataformas inteligentes têm uma velocidade de mudança bastante elevada e, por isso, demanda pela criação de um ciclo de atualização constante dos docentes.

As escolas sabem que precisam desenvolver as habilidades de leitura crítica, de interpretação de texto e de avaliação da veracidade das informações dos alunos.

As escolas devem mostrar para os estudantes como ocorre a alucinação de uma IA (invenção convincente de informações).

Na sociedade, existem diversos casos em que os malfeitores estão usando as ferramentas de IA para enganar as pessoas.

Os alunos precisam entender como funcionam estes mecanismos para identificar o que é verdade e o que é mentira.

Os alunos precisam entender que eles são responsáveis pelo conteúdo produzido pela IA, ou seja, como existe o risco de alucinação da inteligência artificial, eles precisam tanto pesquisar a veracidade das informações, quanto usar as ferramentas de IA com responsabilidade e ética.

Foi revelado que os alunos usaram as ferramentas de inteligência artificial para criar montagens. Fonte: Alunos de colégio tradicional do Rio usam IA para criar imagens íntimas de meninas; polícia investiga, https://www.cnnbrasil.com.br/nacional/alunos-de-colegio-tradicional-do-rio-usam-ia-para-criar-imagens-intimas-de-meninas-policia-investiga/, acessado em 11/12/2023.

Os alunos não podem usar e divulgar um conteúdo produzido por uma IA sem verificar a sua veracidade e sem considerar as implicações éticas e penais do ato.

Os estudantes precisam avaliar sempre o conteúdo produzido pela IA para gerar um texto robusto e coerente.

A IA pode ser utilizada pelos alunos, por exemplo, para identificar as espécies da fauna e flora de uma determinada região e com isso, melhorar a agradabilidade da atividade.

Saneamento

A inteligência artificial será utilizada para automatizar todo o ciclo de saneamento em centenas de municípios.

Os sistemas de inteligência artificial e internet das coisas estão automatizando a execução de processos que até então eram realizados manualmente.

A operação do ciclo de saneamento já pode ser feita remotamente usando os recursos inteligentes.

O ciclo de saneamento é composto pela captação da água de um rio, pelo transporte da água para uma estação de tratamento de água, pelo processo de filtragem e adequação da água para o consumo humano, pelo bombeamento da água para os reservatórios, pelos sistemas de distribuição que levam a água para as residências, comércios, indústrias etc., pelo sistema de coleta do esgoto (água consumida) que transporta a água consumida para uma estação de tratamento de esgoto que devolve a água para o meio-ambiente.

Até pouco tempo atrás as empresas de saneamento realizavam manualmente a maior parte das etapas do ciclo de saneamento.

Era normal um funcionário fechar o registro para conter um vazamento em uma linha de distribuição e para fazer o conserto do problema.

Ou seja, um profissional ia até o local do problema com uma ferramenta específica para fechar o registro e para consertar o problema.

Com os sistemas de IA e internet das coisas, assim que o vazamento é detectado, a válvula é fechada automaticamente de forma remota e a equipe de reparo é acionada.

Nas estações de tratamento da água são analisadas diversas variáveis que impactam a qualidade da água (cloro, resistência para a passagem de luz na água provocada pela presença de partículas flutuando, potencial hidrogeniônico, flúor etc.).

No processo manual, a operadora de saneamento mantém funcionários trabalhando 24 horas por dia para controlar os indicadores de qualidade da água.

Um funcionário coleta a água e leva para o laboratório onde é realizada a análise química da amostra de hora em hora, todos os dias.

Nos dias chuvosos, o indicador de turbidez (variável que indica a quantidade de partículas na água) piora.

No sistema automatizado, os sensores instalados nos equipamentos da estação de tratamento detectam a mudança dos parâmetros e enviam um comando para a bomba dosadora aumentar o acelerador de coagulação e fazer as partículas decantarem.

Os sensores dos dispositivos inteligentes de internet das coisas capturam as informações sobre as etapas do processo e a inteligência artificial ajuda na tomada de decisões.

Os dados coletados são comparados com parâmetros preestabelecidos ou com as informações históricas (por exemplo, um consumo elevado de água em um horário de baixo consumo, pode indicar um vazamento), ou em outras palavras, sempre que os indicadores fogem do padrão, o sistema emite um alerta.

A velocidade de decisão aumenta extraordinariamente com a automação, e a operadora de saneamento ganha uma melhoria na sua efetividade operacional ao mesmo tempo em que reduz os seus custos.

Os ganhos de produtividade podem ser repassados para os clientes, aumentando assim a vantagem competitiva da empresa.

O sistema inteligente é capaz de detectar vazamentos na casa do consumidor, pois o perfil de consumo do cliente é verificado em tempo real.

A análise em tempo real evita fraudes e roubos e envia alertas sobre os problemas encontrados na residência do cliente.

No antigo sistema manual, um vazamento na casa do cliente só era descoberto quando um funcionário da operadora fazia a leitura do hidrômetro e gerava conta de água com valor muito maior do que o normal.

O sistema inteligente automatizado reduz fortemente o custo operacional da operadora de saneamento.

É possível trabalhar com uma quantidade de funcionários bem menor ao mesmo tempo em que a empresa experimenta uma economia de recursos com a diminuição dos níveis de perdas de água na rede.

Em outras palavras, o sistema inteligente é capaz de descobrir o vazamento em tempo real, ou seja, quando ele está acontecendo.

Assistente Pessoal

O principal objetivo dos laboratórios de desenvolvimento é tornar a inteligência artificial em um assistente das pessoas para ajudar nas compras, para calcular a melhor condição para ir de um local para outro (rota, tempo gasto para estacionar etc.), para fazer o imposto de renda etc.

A maioria das inteligências artificiais existentes no mercado é capaz de extrair as informações da internet para executar as suas tarefas considerando o contexto específico do usuário.

A inteligência artificial será capaz de capturar o conteúdo do correio eletrônico, da nuvem e dos dispositivos do usuário para resumir um determinado assunto, para responder as dúvidas do usuário, para revelar para o usuário as perguntas mais importantes sobre um determinado assunto etc.

A inteligência artificial generativa é capaz de escrever um texto para uma apresentação (áudio, vídeo, texto, imagem etc.) com base em uma lista de conteúdo indicada pelo usuário.

Ela é capaz também de usar o recurso de geolocalização para localizar o produto mais próximo possível do usuário e de sugerir soluções para problemas relacionados com a limpeza residencial ou alimentação.

A IA é capaz, também, de comprar ingressos para um show ou cinema durante uma viagem de turismo e indicar o melhor caminho, horário de partida e forma de transporte para chegar ao evento.

A IA integrada com as atividades do dia a dia do usuário será uma inovação que tornará a vida das pessoas mais simples e prática.

A atual tecnologia da IA, permite que ela use uma imagem informada pelo usuário para que ela procure por um objeto específico em um conjunto de imagens ou capture a receita de uma comida em um vídeo.

Compartilhamento de informações

Existem diversas situações em que é preciso compartilhar os dados pessoais com uma IA, por isso, a governança da inteligência artificial precisa garantir que as informações privadas não serão usadas no processo de treinamento ou em outras plataformas do ecossistema da empresa desenvolvedora da IA.

A governança da IA deve garantir a privacidade das pessoas e empresas e deve também assegurar que o processo de treinamento de uma inteligência artificial utilize apenas conteúdo autorizado pelo detentor do direito autoral, intelectual e de imagem.

Em breve, a IA informará os "endereços" de internet onde ela capturou as informações usadas nas suas respostas.

O usuário pode desta forma, pesquisar e validar o conteúdo disponibilizado pela IA e evitar as alucinações (momentos em que o modelo matemático inventa um conteúdo) e erros.

A validação do conteúdo gerado pela IA, feita pelo usuário (positiva ou negativa) vai contribuir para a melhoria e para a evolução da inteligência artificial.

Para evitar que os usuários treinem a IA erradamente, os laboratórios de pesquisa estão desenvolvendo filtros tanto para validar as informações fornecidas pelos usuários, quanto impedir a ocorrência de aprendizado incorreto pela inteligência artificial.

Plataformas empresariais

Foi revelado que os funcionários do call center da Vivo estão usando uma ferramenta de inteligência artificial para tirar dúvidas, fazer consultas e guiar o atendimento aos clientes. Fonte: Vivo usa IA generativa como 'copiloto' para atendentes em call centers, https://teletime.com.br/21/06/2024/vivo-usa-ia-generativa-como-copiloto-para-atendentes-em-call-centers/, acessado em 26/06/2024.

Diversas plataformas empresariais estão incorporando a IA generativa nos seus aplicativos para gerar resumos e para facilitar as pesquisas.

Os fornecedores de serviços de valor agregado de Tecnologia de Informações e Comunicações estão criando ferramentas de fluxo de trabalho para automatizar a execução de tarefas pelos usuários.

As plataformas estão publicando ferramentas novas para a automação das atividades e para a colaboração.

As ferramentas novas são capazes de resumir o conteúdo de um determinado assunto e de pesquisar respostas dentro da base de conhecimento da plataforma.

O modelo de conteúdo das plataformas empresariais é o de um repositório de todo o conhecimento da organização.

Em outras palavras, até agora, é muito difícil para um colaborador analisar rapidamente todo o conteúdo e encontrar as informações que ele precisa.

A inteligência artificial generativa permite o foco nas facilidades que potencializam tanto a rapidez das pesquisas, quanto o resumo das informações.

Os colaboradores usam as facilidades de pesquisa e resumo para encontrar respostas em vários tópicos e entender o que já foi discutido sobre um determinado assunto.

Estas facilidades são de alta utilidade para atualizar uma pessoa sobre o que foi feito e discutido durante a sua ausência por férias, licença etc.

As facilidades novas das plataformas permitem o rápido alinhamento do conhecimento, otimizam a eficiência e eficácia operacional e aumentam a produtividade das equipes.

É muito importante que a governança da IA das plataformas empresariais compartilhadas assegure que as informações geradas pelas funcionalidades novas não serão usadas no processo de treinamento da inteligência artificial.

As plataformas empresariais compartilhadas inteligentes precisam colocar "grades de proteção" para garantir que as informações geradas pela IA sejam vistas apenas pelas pessoas autorizadas.

As funcionalidades novas são alimentadas por um Large Language Model hospedado na infraestrutura da plataforma empresarial compartilhada inteligente.

Este estratagema assegura a transparência e a confiabilidade dos controles de segurança e a conformidade e privacidade dos dados dos clientes.

As versões novas das facilidades permitem a automatização do fluxo de trabalho por todos os usuários, ou seja, quem não sabe codificar é capaz de usar os modelos disponíveis para criar um modelo que automatiza a execução das suas tarefas (vale também para os casos em que é necessário usar um aplicativo de terceiros).

O criador de fluxo de trabalho permite a criação e publicação de aplicativos personalizados que usam os sistemas internos ou que necessitam de uma estrutura avançada para construir a lógica do negócio.

O recurso de visualização dos modelos permite que o funcionário acompanhe a execução do fluxo de trabalho e compartilhe as informações com as equipes envolvidas sobre o andamento das solicitações, aprovações etc.

A geração de resumos ou de fluxos de trabalho faz com que os usuários permaneçam mais tempo dentro da plataforma empresarial compartilhada inteligente, pois eles podem planejar com antecedência a execução das suas tarefas.

No universo das plataformas empresariais compartilhadas inteligentes, existem algumas que são especializadas para vendas e marketing ou para gerenciamento de projetos ou para desenvolvimento de aplicativos ou etc.

Controle de qualidade

A tecnologia de inteligência artificial será utilizada pelas plataformas de comércio eletrônico para controlar a qualidade dos anúncios feitos pelos membros do ecossistema.

As plataformas estão usando os algoritmos da IA para verificar os anúncios publicados por terceiros.

Os vendedores enviam fotos dos produtos novos e usados que eles estão anunciando para que o sistema inteligente "leia e compare" com as fotos de diversos bancos de dados e crie uma pontuação de qualidade do produto.

Se as fotos não correspondem ao nível de qualidade esperada, a IA pontuará o produto com uma classificação inferior e o processo será revisado por um ser humano antes da sua publicação.

A eliminação de anúncios inadequados (fotos e descrições incompletas ou falsas dos produtos) melhora o desempenho do atendimento ao cliente da plataforma.

A tecnologia de IA é capaz de impedir que os mal-intencionados violem as políticas da plataforma.

As técnicas de aprendizado de máquina analisam uma gigantesca quantidade de fotos e respectivas descrições para assegurar um padrão de qualidade nos produtos anunciados.

O ser humano raramente identifica os padrões dos anúncios falsos, no entanto, a IA é capaz de analisar em alta velocidade uma grande quantidade de anúncios para identificar as semelhanças nos anúncios falsos e para criar regras novas e melhores para a divulgação dos produtos.

Se uma compra ou venda é classificada pela IA como suspeita, os operadores da plataforma de comércio eletrônico são alertados e eles ou param o processo ou pedem mais informações para os envolvidos.

A inteligência artificial também verifica as avaliações dos clientes sobre os produtos para identificar e eliminar as avaliações falsas.

Controle de produção e estoque

As empresas do setor de alimentos (supermercados, restaurantes, padarias, docerias etc.) enfrentam diariamente o desafio de determinar quanto elas devem produzir e qual deve ser o tamanho do seu estoque considerando o prazo de validade dos alimentos.

Foi revelado que 30% dos alimentos produzidos no Brasil vão para o lixo (46 milhões de toneladas por ano ou R$ 61,3 bilhões por ano). Fonte: Brasil é o 10º país que mais desperdiça alimentos no mundo, https://mercadoeconsumo.com.br/26/01/2023/sustentabilidade/brasil-e-o-10o-pais-que-mais-desperdica-alimentos-no-mundo/?cn-reloaded=1, acessado em 11/12/2023.

O desperdício de alimentos ocorre por causa dos erros na produção das padarias, restaurantes etc. (pães, doces, almoços, jantares etc.), ou seja, produção maior que a demanda.

Os negócios de pequeno porte praticamente nada exploram das tecnologias disponíveis no seu dia a dia e por isso, o controle de produção é dado pela demanda histórica ou pela intuição do proprietário.

No caso dos supermercados (em especial os maiores) uma grande parte dos desperdícios é causada pelo controle do estoque frágil da validade dos alimentos.

É normal encontrar a situação em que nas prateleiras do supermercado os alimentos mais novos (vencimento mais longo) estão na frente dos alimentos cuja data de vencimento está mais próxima.

É preciso gerir dinamicamente o estoque para impedir que os alimentos sejam jogados no lixo por causa da data de vencimento.

A gestão detalhada do estoque de um supermercado, padaria, doceria etc. é uma atividade difícil, demorada e cara e por isso, ela não é feita em diversos estabelecimentos de todos os portes.

Em geral nos estabelecimentos de grande porte, a gestão detalhada do estoque é negligenciada e as perdas são repassadas para o consumidor.

Este cenário indica que existe um enorme potencial para reduzir o desperdício e os preços nos restaurantes, supermercados, padarias etc.

A inteligência artificial é capaz de introduzir maior grau de certeza e previsibilidade no controle de produção dos restaurantes, padarias, docerias etc.

Ela é capaz de analisar os padrões da demanda por dia considerando variáveis como feriados, clima, safra, trânsito etc.

O controle de produção deixa de ser feito por valores históricos que muitas vezes são aleatórios ou por "feeling" e passam a ser feitos por um processo dinâmico e controlado.

As perdas de alimentos podem ser reduzidas dramaticamente ao mesmo tempo em que a lucratividade e a sustentabilidade ambiental aumenta.

A natureza ganha sustentabilidade, as pessoas ganham pela redução dos preços e os donos dos estabelecimentos ganham pelo aumento do lucro.

Para os supermercados e assemelhados, a IA é capaz de alertar sobre produtos próximos ao vencimento e a sua respectiva localização para que eles sejam expostos na frente das prateleiras ou em locais especiais de produtos em promoção.

Uma grande parte ou a totalidade do desperdício de alimentos no Brasil pode ser eliminada pela simples introdução da IA nos pequenos negócios.

Foi revelado que R$ 1 bilhão em medicamentos são desperdiçados anualmente no Brasil (20% dos remédios comprados pelo governo e hospitais privados). Fonte: O CENÁRIO DO DESPERDÍCIO DE MEDICAMENTOS NO BRASIL, https://sensorweb.com.br/desperdicio-medicamentos-brasil/, acessado em 11/12/2023.

Foi revelado que R$ 2,2 bilhões em medicamentos e vacinas foram descartados (Exclusivo: relatório mostra desperdício bilionário de insumos no Ministério da Saúde desde 2019, https://g1.globo.com/jornal-da-globo/noticia/2023/04/18/exclusivo-relatorio-mostra-desperdicio-bilionario-de-insumos-no-ministerio-da-saude-desde-2019.ghtml, acessado em 11/12/2023).

Foi revelado que o Tribunal de Contas da União (TCU) afirmou que o Brasil jogou no lixo R$ 1,2 bilhão em doses de vacinas que perderam a validade (TCU aponta perdas de R$ 1,2 bilhão com vacinas vencidas, https://gizmodo.

uol.com.br/tcu-aponta-perdas-de-r-12-bilhao-com-vacinas-vencidas/, acessado em 11/12/2023).

Em breve, a IA será utilizada nas farmácias, hospitais, clínicas, laboratórios etc.

No futuro, todos os estabelecimentos que trabalham com estoques de produtos com data de validade usarão a IA para gerenciar o estoque.

A sinalização dinâmica de onde estão armazenados os produtos com vencimento mais próximo elimina as perdas de sustentabilidade ambiental e de capital financeiro.

Em pouco tempo, sairemos do gerenciamento do estoque de produtos perecíveis caro, difícil e demorado e entraremos na era da IA que faz em poucos segundos a avaliação da validade do estoque.

A inteligência artificial não será capaz de avaliar apenas a validade dos remédios e insumos hospitalares, ela será capaz de avaliar o mix de produtos do estoque em função da demanda futura (por exemplo, onda de calor, qualidade ruim do ar aumentado, a probabilidade de surto de gripe ou de problemas respiratórios etc.).

Colaboração

A inteligência artificial será incorporada aos sistemas de automação de escritório (editor de texto, planilha eletrônica, gerador de apresentações, gerenciador de projetos etc.) para criar um ambiente colaborativo capaz de superar os desafios do trabalho híbrido (presencial e remoto).

As plataformas de sistemas de automação de escritório estão integrando os aplicativos inteligentes com o sistema de videoconferência e chat da empresa e de terceiros.

Um arquivo pode ser compartilhado e editado em tempo real por diversos colaboradores para permitir a criação de um fluxo de trabalho gerenciado por um ponto focal.

O assistente virtual é uma inteligência artificial generativa que facilita a execução da rotina de trabalho de uma equipe pela sua capacidade de resumir o conteúdo das reuniões e publicar os pontos mais importantes de cada reunião em um documento colaborativo.

A IA é capaz de gerar textos, de participar dos debates, de editar os trabalhos existentes e de resumir os textos longos.

A plataforma inteligente integra o assistente virtual com o sistema de reuniões e de conversas para consolidar as informações.

Agronegócio

Foi revelado que o agronegócio brasileiro perde R$ 5 bilhões por safra no transporte de alimentos. Fonte: Agro perde bilhões com falta de investimento em infraestrutura e logística, https://economia.uol.com.br/noticias/redacao/2024/06/14/agro-perde-bilhoes-com-falta-de-investimento-em-infraestrutura-e-logistica.htm, acessado em 26/06/2024.

As AgTechs (Agricultural Technologies) estão usando a inteligência artificial para melhorar a sustentabilidade, produtividade e eficiência da agricultura.

Os membros do ecossistema rural estão usando drones, sensores, aplicativos inteligentes, sistemas de monitoramento etc. para capturar em tempo real as informações, para melhorar o gerenciamento e para reduzir as perdas, desperdícios e custos.

A inteligência artificial estará em breve presente nos silos de armazenamento dos produtos agrícolas, na logística de transporte etc.

As soluções inteligentes cuidam de diversos aspectos da produção de alimentos e da pós-produção.

Os sistemas inteligentes estão presentes na gestão da mão de obra, no gerenciamento do plantio, na gestão da colheita, na administração da propriedade rural, no financiamento da safra, na nutrição dos rebanhos, no controle da saúde das arvores e animais, nos seguros etc.

Os sistemas inteligentes do agronegócio são usados pelos membros do ecossistema financeiro para gerenciar o investimento realizado.

Os Certificados de Recebíveis do Agronegócio Verde (CRA Verde) estão sendo emitidos e estão tendo um enorme sucesso entre os investidores (o volume negociado praticamente quadruplicou após o lançamento do primeiro título).

O CRA Verde está permitindo que o crescimento da produção de soja no cerrado brasileiro ocorra sem desmatamento, pois os juros pagos nos empréstimos pelos produtores rurais que trabalham dentro do arcabouço da sustentabilidade ambiental são muito menores que a média de mercado.

A inteligência artificial está sendo utilizada para estruturar o investimento verde no agronegócio brasileiro.

No ecossistema do agronegócio, os importadores e investidores estão preocupados com a governança ambiental, social e empresarial.

Emprego

A governança da inteligência artificial deve tratar também do impacto da tecnologia nas relações no mercado de trabalho.

A greve dos roteiristas de 2023 revelou que o uso de linguagens generativas pela indústria do entretenimento deve seguir um conjunto de regras que garanta um número mínimo de empregos.

O acordo que encerrou a greve determinou que as empresas de entretenimento não podem usar a inteligência artificial generativa para escrever ou reescrever os roteiros.

O acordo determinou também que os roteiristas podem usar a inteligência artificial generativa como uma ferramenta de trabalho.

A proteção dos empregos e salários dos roteiristas pode vir a ser uma realidade nos próximos anos, se a inteligência artificial for usada para aumentar a produtividade dos autores.

O aumento da produtividade com a IA generativa é uma condição crucial para a manutenção dos empregos dos roteiristas e demais trabalhadores.

Em 2023, o mundo entrou em um ciclo de transformação em relação aos postos de trabalho.

Existiam em 2023, mais postos de trabalho do que existiam no começo do século 21.

Neste período, muitas ocupações que existiam desapareceram por causa das mudanças geradas pela tecnologia.

Em outras palavras, existem empregos que evoluem com o uso da tecnologia e existem empregos que desaparecem por causa da tecnologia.

Isto acontece porque as atividades necessárias para a operação dos negócios mudam ao longo do tempo.

Em diversos casos, a versão nova da atividade é completamente diferente da versão antiga.

Neste caso, a atividade antiga desaparece com a incorporação de novas tecnologias, mas o emprego continua.

As regras da governança da inteligência artificial estão sendo negociadas pelas empresas com os trabalhadores que estão experimentando as tecnologias novas.

É preciso que a sociedade entenda que todos devem contribuir para a discussão sobre como a IA ajuda na melhoria da produtividade, como ela impacta a privacidade das pessoas e como ela cria desafios novos para os ecossistemas produtivos.

Os sindicatos são componentes cruciais para a adoção das tecnologias transformadoras, pois eles ajudam na construção pela indústria de um ambiente produtivo sem que a segurança dos trabalhadores seja prejudicada.

Foi revelado que as indústrias que investem em tecnologia têm um ganho exponencial em relação as que não investem. Fonte: Tecnologia pode aumentar a produtividade na indústria em até 58%, revela estudo Pesquisa foi realizada pela Atlas Intel em parceria com a startup Tractian, https://www.cnnbrasil.com.br/economia/tecnologia-pode-aumentar-produtividade-na-industria-em-ate-58-revela-estudo/, acessado em 11/12/2023.

A governança da IA precisa regular as atividades ao mesmo tempo em que ela não restringe os benefícios gerados pelas inovações tecnológicas.

Até o fenômeno da inteligência artificial, os trabalhadores mais qualificados eram beneficiados com a adoção das tecnologias novas porque elas complementavam as suas competências.

A IA generativa é capaz de executar as funções realizadas pelos trabalhadores mais qualificados (atividades mentais e criativas).

A pergunta que não quer calar neste momento é se os trabalhadores qualificados serão redundantes no futuro próximo, então as empresas devem cancelar os investimentos em qualificação dos trabalhadores?

Os roteiristas de Hollywood, habituados com o uso da IA generativa, precisarão de menos horas para escrever com a mesma qualidade, a mesma quantidade de roteiros.

As pesquisas revelam que a qualidade e a velocidade de escrita aumentam quando as pessoas são treinadas para usar a inteligência artificial generativa de forma efetiva.

A IA generativa permite a criação de um ciclo crescente de retorno positivo para a evolução das capacidades e habilidades dos seres humanos.

É bastante provável que a maioria dos profissionais qualificados conseguirá se adaptar em relação às mudanças que ocorrerão nos empregos, pois eles são capazes de melhorar as suas competências com o uso das tecnologias de IA.

Estes profissionais não serão substituídos no médio prazo por uma inteligência artificial generativa.

Em 2023, os negociadores dos sindicados nos Estados Unidos buscaram aumentos nos salários e nos investimentos na qualificação da força de trabalho.

Os sindicatos queriam que uma parte dos lucros gerados pela IA generativa fosse investida em requalificação dos trabalhadores.

A governança da IA vai enfrentar nos próximos anos, grandes desafios em termos do impacto da IA generativa no mercado de trabalho.

Em 2023, os pesquisadores ensinaram em alguns dias uma IA jogar o Minecraft (ela aprendeu nadar, colher colheitas, caçar animais, minerar metais preciosos e construir casas).

Os agentes de IA, criados pelos pesquisadores são capazes de usar aplicativos e navegar na internet.

O crescimento da sofisticação dos agentes inteligentes está aumentando com enorme velocidade e, no futuro, eles podem substituir os trabalhadores de escritório.

O potencial de mercado desta oportunidade é de vários trilhões de dólares.

As consequências para a sociedade poderão ser gigantescas se não existir uma política clara de requalificação da mão de obra.

Os agentes inteligentes serão, em breve, capazes de agendar reuniões, criar e editar textos, analisar dados e informações, e gerar gráficos e resumos.

Em outras palavras, os sistemas automatizados executarão um amplo leque de atividades.

Os agentes inteligentes, por exemplo, serão capazes de pesquisar em poucos segundos a melhor opção de compra de um produto ou serviço conforme um conjunto de parâmetros definidos e realizar todo o processo de compra.

Os trabalhadores de escritório e os consumidores ganharão com os agentes inteligentes um salto de efetividade ainda não visto na história.

Muito em breve, as pessoas contarão nos jogos digitais com agentes inteligentes capazes de jogar e conversar.

A tecnologia poderá gerar instantaneamente um programa que desenha um animal ou faz cair uma tempestade digital na tela do computador ou etc.

Os programadores e desenvolvedores de software profissionais poderão usar os agentes inteligentes para criar em tempo real códigos e programas conectados com aplicativos e sites de internet.

Os agentes serão capazes de publicar e retirar vídeos, fotos, textos etc. sem a intervenção humana.

A governança da IA deve definir os protocolos que permitam que os agentes naveguem na internet sem criar um risco grave de segurança.

Os interpretadores de código permitem que os agentes inteligentes executem um programa.

Eles habilitam a edição de textos, apresentações, planilhas, imagens e vídeos.

Ainda estamos longe, mas no médio e longo prazo um sistema inteligente será capaz de criar uma empresa e de oferecer sugestões para que as pessoas ganhem dinheiro.

É fácil perceber que a vida das pessoas será enormemente facilitada com os agentes de IA.

É bastante provável que diversos empregos nos escritórios despareçam por causa dos agentes inteligentes.

Diversos estudiosos acreditam que no longo prazo a IA será capaz de substituir os seres humanos em todas as tarefas atualmente executadas por eles.

Seleção de candidatos

A inteligência artificial está ajudando as empresas economizarem bilhões de dólares pela eliminação de custos no processo de seleção de funcionários.

O modelo matemático desenvolvido por algumas plataformas de recursos humanos elimina a necessidade de ler milhares de currículos.

A plataforma categoriza as informações pré-selecionadas pelos profissionais de recursos humanos e identifica os candidatos mais qualificados que endereçam os objetivos da empresa.

O candidato responde algumas perguntas, que permite que a IA compare o perfil dele com os objetivos do cargo em questão.

No recrutamento tradicional, as empresas recebem diariamente milhares de currículos.

É impraticável a leitura detalhada de todos os currículos pelos analistas de recursos humanos.

A inteligência artificial é capaz de "ler" em poucos segundos todos os currículos e de identificar os perfis que endereçam os objetivos da empresa.

Os perfis identificados como aderentes aos objetivos são enviados para o recrutador, que seleciona quem participará da etapa de entrevista pessoal.

Os setores da economia com elevado "turnover" (existem casos em que todos os funcionários são trocados a cada dois anos) gastam bilhões de dólares no processo de contratação.

O uso da IA permite uma expressiva redução destes gastos (em alguns casos gera uma economia de 75%) ao mesmo tempo em que reduz o prazo de contratação.

Muitas vezes, as dificuldades nas contratações atrasam em vários dias a abertura de um empreendimento.

A inteligência artificial é capaz de reduzir para alguns poucos dias o processo de seleção de profissionais.

Finanças Pessoais

A IA é uma aliada poderosa na organização das finanças pessoais e corporativas, pois os aplicativos e plataformas inteligentes permitem que as pessoas tenham um panorama completo das suas despesas e receitas.

A inteligência artificial é capaz de analisar o padrão dos gastos de uma pessoa ou empresa, pesquisar na internet as opções disponíveis e sugerir medidas para que as pessoas economizem o seu rico dinheirinho.

A IA é capaz de encontrar e de recomendar alternativas mais baratas para os produtos que uma pessoa ou empresa compra regularmente.

A inteligência artificial ajuda também na tomada de uma decisão de investimento, pois ela é capaz de analisar uma gigantesca quantidade de dados em tempo real para sugerir os investimentos mais alinhados com o objetivo financeiro (considerando as notícias, tendências, mudanças políticas etc.).

Em breve, a IA será capaz de gerenciar a carteira de investimento e de fazer ajustes conforme as condições do mercado.

A inteligência artificial consegue identificar os padrões nos golpes financeiros e de fazer uma análise de risco do investimento considerando as características menos óbvias dos riscos.

A IA permite que os profissionais do mercado financeiro ofereçam respostas mais rápidas, precisas e de custos menores para os seus clientes (pessoas físicas, bancos, corretoras etc.).

O objetivo de aumento do retorno do investimento realizado é facilitado com o uso de uma inteligência artificial financeira.

A IA permite o planejamento e automação do pagamento de contas, dos reinvestimentos e da criação de um orçamento personalizado.

Apesar de todas as facilidades que a IA é capaz de oferecer para o planejamento das finanças pessoais e empresariais, as pessoas não podem abdicar do entendimento de cada uma das operações realizadas.

A tecnologia deve apenas ajudar as pessoas no seu planejamento financeiro, ou seja, as pessoas não podem depender apenas das sugestões da IA.

Os investidores precisam desenvolver diversas habilidades financeiras para tomar a melhor decisão possível.

O sucesso ou fracasso financeiro é consequência tanto do comportamento, quanto do conhecimento e do acesso aos produtos financeiros.

A IA ajuda na eliminação dos aspectos emocionais das decisões ao oferecer ponderações técnicas.

O uso da IA, em alguns casos, significa o compartilhamento de uma grande quantidade de informações pessoais e sensíveis, por isso, as plataformas financeiras devem adotar protocolos e controles rigorosos de segurança de dados e informações para assegurar a privacidade dos seus usuários.

Arqueologia

A inteligência artificial foi usada para recuperar o conteúdo de um pergaminho do ano de 79.

Os modelos matemáticos foram utilizados para "ler" textos históricos carbonizados.

O modelo de inteligência artificial conseguiu "ler" trechos escritos em tinta metálica e identificou as mudanças na superfície do papel.

A recuperação de alguns registros históricos era impossível até o advento da IA.

Segurança

Em breve, a análise de dados pela IA será uma ferramenta importante na prevenção de ataques violentos.

Todos os dias, novos ataques acontecem nas escolas, no transporte público, nas ruas etc., por isso, é preciso prevenir estes crimes.

Foi revelado que os milicianos que ordenaram os ataques no Rio de Janeiro ofereceram dinheiro por ônibus queimado. Fonte: Milicianos ofereceram R$ 500 por cada ônibus queimado; PM prende mais um suspeito de incendiar veículos na Zona Oeste, https://g1.globo.com/rj/rio-de-janeiro/noticia/2023/10/25/policia-prende-homem-que-aparece-em-video-incendiando-onibus-no-rio.ghtml, acessado em 11/12/2023.

Foi revelado que um atirador matou 18 pessoas. Fonte: Ataque a tiros deixa 18 mortos e 13 feridos nos Estados Unidos, https://g1.globo.com/jornal-nacional/noticia/2023/10/26/ataque-a-tiros-deixa-18-mortos-e-13-feridos-nos-estados-unidos.ghtml, acessado em 11/12/2023.

No futuro próximo, os centros de pesquisa usarão as tecnologias de inteligência artificial para prever crimes e aumentar a segurança pública.

Muitos dos ataques contra a segurança pública são planejados e comunicados nas redes sociais.

A análise de dados usando a IA é capaz de capturar as movimentações dos malfeitores e de sugerir ações para impedir a ocorrência destas tragédias.

Os centros de pesquisa são entidades capazes de desenvolver aplicações inteligentes para melhorar a segurança pública.

Os centros mobilizam pesquisadores, entidades acadêmicas, sociedade, empresas, especialistas etc. para desenvolver soluções de segurança utilizando as tecnologias inteligentes.

A segurança pública é uma responsabilidade de toda a sociedade, por isso, é preciso definir com clareza o problema e a solução.

Os centros de pesquisa serão criados para encontrar soluções para os problemas relacionados com os golpes digitais (sequestros falsos, roubos de identidades etc.) e com os ataques nas escolas e ruas.

Um centro de pesquisa é capaz de gerar um rápido e ágil fluxo de informações e de sugerir soluções contra os ataques perpetrados pelos criminosos.

Os centros de pesquisa devem ser capazes de: (i) identificar precocemente os potenciais agressores, (ii) ajudar nas investigações dos casos ocorridos e (iii) interromper a disseminação de notícias falsas sobre novos ataques.

O desafio é grandioso, porque envolve uma ampla cadeia de valor (é preciso avaliar a comunicação feita nas redes sociais).

É preciso pesquisar por indícios de que um malfeitor pretende atacar, ou seja, é preciso capturar a propagação de conteúdos gerados por vítimas de agressões, por pessoas com postagens radicais etc.

Análise da fala, comportamento e postura

Os investidores estão usando as tecnologias de inteligência artificial para descobrir o que não foi falado na divulgação dos resultados de uma empresa.

Nas conferências presenciais e virtuais de apresentação de resultados, os executivos fazem um enorme esforço para manter uma postura otimista.

Nestes eventos, os executivos evitam todos os tipos de polêmicas e criam situações positivas em que as críticas são minimizadas.

Uma das técnicas que os executivos usam na apresentação de resultados para minimizar as críticas é afirmar que um determinado incidente impactou apenas uma pequena parte da empresa.

As perguntas dos investidores e analistas sobre os incidentes geram mudanças no ritmo, tom e volume da fala do executivo.

As mudanças na fala do executivo sobre um incidente específico são percebidas em tempo real pela inteligência artificial e podem revelar sinais de ansiedade e tensão.

Grandes investidores e analistas de fundos estão usando as ferramentas de IA para descobrir a emoção real de um executivo quando ele fala sobre um incidente.

Os maiores fundos de investimento do mundo estão usando algoritmos para "decodificar" a apresentação de resultados das empresas e para capturar os sinais escondidos nas palavras cuidadosamente escolhidas pelos executivos.

A tecnologia de Natural Language Processing (NLP) está sendo utilizada para descobrir as mensagens ocultas nas palavras escolhidas nas falas dos executivos.

Em outras palavras, o áudio de uma fala revela muito mais coisas do que o texto que foi falado.

A IA é capaz de detectar a hesitação e os minúsculos tremores da fala de uma pessoa e com isso, revelar coisas que não são percebidas pelo ouvido humano.

O uso de áudio é uma nova fase no jogo da comunicação entre os executivos e os investidores e analistas.

O jogo da comunicação entrou em uma nova fase, porque os executivos sabem que o áudio das suas falas está sendo analisado em tempo real.

Em outras palavras, eles estão sendo treinados para ajustar a sua fala para impedir que os algoritmos detectem os seus momentos de hesitação.

As declarações dos executivos são feitas com palavras bem escolhidas, neutras e padronizadas.

A análise do áudio feita pelos investidores está criando a necessidade de uma resposta diferenciada pelos executivos nas apresentações de resultados.

A tecnologia de análise de áudio ainda tem diversas limitações, no entanto, ela vem melhorando gradativamente ao longo dos anos, por isso, uma análise confiável do áudio compara as diversas falas de um executivo ao longo do tempo.

Os desenvolvedores e treinadores da análise de áudio inteligente precisam selecionar um conjunto equilibrado de dados de treinamento para evitar vieses criados por preconceitos conscientes e inconscientes de gênero, classe, raça etc.

A equipe de pesquisa para o desenvolvimento deste tipo de tecnologia deve ser grande e diversificada, pois os algoritmos podem gerar resultados falsos se o idioma falado no áudio for de uma pessoa não nativa.

A interpretação do áudio em um idioma não nativo pode levar para um resultado falso.

Como as equipes de relações com investidores estão treinando os executivos para monitorar o tom de voz, a análise atual da fala em breve vai incorporar a análise da postura do executivo para descobrir as coisas não reveladas no texto falado.

Todos concordam que a tarefa de treinar os executivos para as apresentações de resultados ganhou um novo patamar de dificuldade.

Algumas pessoas são muito boas em modular o seu tom de voz, mas monitorar o comportamento e postura é um outro nível de dificuldade.

Até ontem, era apenas necessário escolher com cuidado as palavras faladas, agora é preciso monitorar o tom da fala e no futuro breve será necessário manter uma postura convincente nas reuniões.

No futuro, os estudantes, aprenderão a lidar com a análise de áudio e vídeo nas escolas e universidades para que eles evitem problemas nas reuniões corporativas.

No futuro, é provável que a capacidade de um profissional de lidar com a análise inteligente da fala e postura, seja um fator decisivo para alcançar um posto executivo.

Em breve, a análise inteligente da fala e postura estará presente tanto no processo de seleção e contratação de profissionais, quanto no processo corporativo de compra e venda de insumos, produtos e serviços, quanto no processo de escolha de um candidato em uma eleição, quanto no processo do julgamento de criminosos etc.

Referências Bibliográficas

https://uds.com.br/blog/o-que-uma-empresa-de-desenvolvimento-de-software-faz/, O que uma empresa de desenvolvimento de software faz?, acessado em 13/05/2024

https://blog.csptecnologia.com/experiencia-do-usuario-no-desenvolvimento-de-software/, Experiência do usuário no desenvolvimento de software, acessado em 13/05/2024

https://blog.cronapp.io/desenvolvimento-de-software-as-tendencias-do-momento-e-do-futuro/, Desenvolvimento de software: Tendências do momento e do futuro, acessado em 13/05/2024

https://2022.internethealthreport.org/wp-content/themes/ihr-2022/library/datavis/dataset_sources.html, Frequency of dataset usage by country, acessado em 13/05/2024

https://medium.com/stepstone-tech/use-ai-to-optimize-your-software-development-ways-of-working-6dcc1119ea93, How to use AI to optimize your Software Development Ways of Working, acessado em 13/05/2024

https://devtechnosys.com/insights/software-maintenance-costs/,How Much Does Software Maintenance Costs? Beginner's Guide!, acessado em 13/05/2024

https://circleci.com/blog/risks-rewards-generative-ai/#:~:text=required%20quality%20standards.-,Security%20vulnerabilities,encryption%2C%20or%20insecure%20access%20controls., Risks and rewards of generative AI for software development, acessado em 13/05/2024

https://www.nature.com/articles/s42256-019-0113-5, Behavioural evidence for a transparency–efficiency tradeoff in human–machine cooperation, acessado em 13/05/2024

https://www.scmagazine.com/native/the-benefits-and-risks-of-ai-development-tools, The benefits and risks of AI development tools, acessado em 13/05/2024

https://www.darkreading.com/application-security/ai-in-software-development-the-good-the-bad-and-the-dangerous, AI in Software Development: The Good, the Bad, and the Dangerous. Just like with using open source, organizations need to be diligent about testing AI components and understanding where and how it is used in their software, acessado em 13/05/2024

https://www.supero.com.br/blog/desenvolvimento-de-softwares-como-a-inteligencia-artificial-pode-acelerar/, Desenvolvimento de softwares: como a inteligência artificial pode acelerar, acessado em 13/05/2024

https://news.microsoft.com/pt-br/como-a-ia-facilita-a-vida-dos-desenvolvedores-e-ajuda-todos-a-aprender-sobre-desenvolvimento-de-software/, Como a IA facilita a vida dos desenvolvedores e ajuda todos a aprender sobre desenvolvimento de software, acessado em 13/05/2024

https://www.zendesk.com.br/blog/como-a-ia-melhora-a-eficiencia-operacional/, Como a IA melhora a eficiência operacional e eleva a lucratividade das empresas, acessado e, 13/05/2024

https://blog.engdb.com.br/o-uso-da-inteligencia-artificial/, O uso da inteligência artificial para melhorar a eficiência operacional, acessado em 13/05/2024

https://www.zendesk.com.br/blog/inteligencia-artificial-e-personalizacao/, Inteligência artificial e personalização: como trabalhar a união?, acessado em 13/05/2024 https://conteudize.ai/blog/news-feed/inteligencia-artificial-revolucionando-o-marketing-o-papel-da-ia-na-otimizacao-de-resultados-e-personalizacao-de-campanhas/, Inteligência Artificial Revolucionando o Marketing: O papel da IA na otimização de resultados e personalização de campanhas, acessado em 13/05/2024

https://hawk.digital/personalizacao-em-m, Personalização em massa: como a inteligência artificial contribui para eficácia de personalização?, acessado em 13/05/2024

https://blog.tail.digital/inteligencia-artificial-para-o-marketing/, Inteligência Artificial para o marketing: vantagens e desvantagens da tecnologia, acessado em 13/05/2024

https://www.attri.com.br/blog/processo-de-desenvolvimento-de-software/, Processo de desenvolvimento de software: conheça as etapas, acessado em 13/05/2024

https://blog.csptecnologia.com/experiencia-do-usuario-no-desenvolvimento-de-software/, Experiência do usuário no desenvolvimento de software, acessado em 13/05/2024

https://www.dio.me/articles/ciberseguranca-no-mundo-dev-e-desenvolvimentos-mais-seguros, Cibersegurança para desenvolvedores e aspirantes, acessado em 13/05/2024

https://secureway.com.br/desenvolvimento-de-software-seguro-o-que-e-e-como-auxilia-na-protecao-da-sua-empresa/, Desenvolvimento de software seguro: O que é e como auxilia na proteção da sua empresa, acessado em 13/05/2024

https://rocketcode.com.br/blog/como-garantir-a-seguranca-e-a-confiabilidade-de-software/, Como garantir a segurança e a confiabilidade de software, acessado em 13/05/2024 https://becode.com.br/etapas-de-um-projeto-de-software/, As 6 etapas fundamentais de um projeto de software, acessado em 13/05/2024

https://blog.northern.com.br/desenvolvimento-de-software/, Desenvolvimento de software: todas as etapas do processo, acessado em 13/05/2024

https://rankmyapp.com/pt-br/otimizacao-de-aplicativos-melhorar-resultados/, 13 dicas de otimização de aplicativos para melhorar seus resultados, acessado em 13/05/2024

https://www.attri.com.br/blog/otimizacao-de-sites-e-aplicativos-garanta-mais-desempenho/, Otimização de sites e aplicativos: garanta mais desempenho, acessado em 13/05/2024

https://uxcam.com/br/blog/kpis-de-aplicativos/, KPIs de Aplicativos: Top 51 métricas para medir performance do seu app, acessado em 13/05/2024

https://www.alura.com.br/artigos/changelog-guia-desenvolvedor-alteracoes-software, Changelog: o guia do desenvolvedor para documentar e compreender alterações de software, acessado em 13/05/2024

https://blog.cronapp.io/5-boas-praticas-para-monitorar-e-gerenciar-o-desenvolvimento-de-softwares/, 5 boas práticas para monitorar e gerenciar o desenvolvimento de softwares, acessado em 13/05/2024

https://izap.com.br/blog/desenvolvimento-de-softwares-e-sua-importancia-para-as-empresas/, Desenvolvimento de softwares e sua importância para as empresas, acessado em 13/05/2024

https://www.devmedia.com.br/metodos-ageis-processo-agil-e-ferramentas-de-suporte/29992, Métodos Ágeis: Processo Ágil e Ferramentas de Suporte, acessado em 13/05/2024

https://www.ituniverse.com.br/noticias/suporte-tecnico-tudo-que-voce-precisa-saber/, Suporte Técnico: tudo que você precisa saber, acessado em 13/05/2024

https://sebrae.com.br/sites/PortalSebrae/artigos/como-lidar-com-um-cliente-insatisfeito,575d002e76136810VgnVCM1000001b00320aRCRD, Como lidar com um cliente insatisfeito, acessado em 13/05/2024

https://www.totvs.com/blog/gestao-de-servicos/cliente-insatisfeito/, Como agir com clientes insatisfeitos e melhorar sua prestação de serviços, acessado em 13/05/2024

https://ciriusquality.com.br/clientes-insatisfeitos/, Estratégias para Identificar e Lidar com Clientes Insatisfeitos, acessado em 13/05/2024

https://conteudo.movidesk.com/cliente-insatisfeito/, Guia completo para lidar com o cliente insatisfeito e reverter a situação!, acessado em 13/05/2024

https://hotmart.com/pt-br/blog/lidar-com-cliente-insatisfeito, Como lidar com um cliente insatisfeito? 17 dicas para aprender a usar as críticas a seu favor!, acessado em 13/05/2024

https://www.zendesk.com.br/blog/cliente-insatisfeito/, Como lidar com um cliente insatisfeito? 7 dicas + guia para evitar que isso aconteça!, acessado em 13/05/2024

https://fieldcontrol.com.br/blog/clientes-insatisfeitos/, Clientes insatisfeitos: Como lidar com essa situação, acessado em 13/05/2024

https://portaldacomunicacao.com.br/2021/10/comunicacao-do-nubank/, “Linguagem clara e transparente é sempre o melhor caminho”, acessado em 13/05/2024 https://www.devmedia.com.br/artigo-engenharia-de-software-24-a-comunicacao-no-processo-de-software/16807, A Comunicação no Processo de Software, acessado em 13/05/2024

https://beedoo.com.br/2019/05/crie-uma-base-de-conhecimento-com-inteligencia-artificial/, Crie uma Base de Conhecimento com Inteligência Artificial, acessado em 13/05/2024

https://deskmanager.com.br/blog/gestao-de-conhecimento-ia/, Gestão de conhecimento: quando e como utilizar a Inteligência Artificial, acessado em 13/05/2024

https://www.totvs.com/blog/negocios/metodologia-kcs/, KCS (Knowledge Centered Support): o que é, como aplicar e quais os benefícios!, acessado em 13/05/2024

https://www.impacta.com.br/blog/metodologia-kcs-suporte-centrado-conhecimento/, Metodologia KCS: a importância do suporte centrado no conhecimento, acessado em 13/05/2024

https://www.alctel.com.br/inteligencia-artificial-no-call-center/, Como a inteligência artificial pode ser utilizada no contact center?, acessado em 13/05/2024

https://www.zendesk.com.br/blog/inteligencia-artificial-e-help-desk/, Inteligência artificial e help desk: como potencializar o suporte?, acessado em 13/05/2024

https://www.zendesk.com.br/blog/beneficios-ai-suporte-tecnico/, Benefícios da AI no suporte técnico: como ela transforma o atendimento?, acessado em 13/05/2024

https://beedoo.com.br/2019/05/crie-uma-base-de-conhecimento-com-inteligencia-artificial/, Crie uma Base de Conhecimento com Inteligência Artificial, acessado em 13/05/2024

https://www.liveagent.com.br/glossario/gestao-do-conhecimento-com-ia/, O que é gestão do conhecimento com IA?, acessado em 13/05/2024

https://www.visor.ai/pt-pt/blog/base-de-conhecimento-de-ia/, 5 Dicas para Ter uma Base de Conhecimento de IA Eficaz, acessado em 13/05/2024

https://www.ibm.com/blogs/ibm-comunica/estudo-ibm-41-das-empresas-no-brasil-ja-implementaram-ativamente-inteligencia-artificial-em-seus-negocios/, Estudo IBM: 41% das empresas no Brasil já implementaram ativamente Inteligência Artificial em seus negócios, acessado em 13/05/2024

https://itforum.com.br/noticias/empresas-investir-software-2024/, Empresas vão investir mais em software em 2024, indica estudo, acessado em 13/05/2024

https://revistacasaejardim.globo.com/Casa-e-Jardim/Casa-Conectada/noticia/2021/11/estudos-apontam-tendencias-de-consumo-para-aparelhos-domesticos-smart.html, Estudos apontam tendências de consumo para aparelhos domésticos smart. O mercado da automação residencial cresceu 21% em relação a 2020. Saiba o que esperar do crescimento tecnológico e o comportamento humano para os próximos anos, acessado em 13/05/2024

https://www.trendsce.com.br/2023/01/18/smart-home-no-brasil-deve-crescer-9106-ate-2026/, Smart home no Brasil deve crescer 91,06% até 2026, acessado em 13/05/2024

https://www.agrolink.com.br/noticias/10-agtechs-para--transformar-o-agronegocio-brasileiro--em-2024_487895.html, 10 Agtechs para "Transformar o Agronegócio Brasileiro" em 2024, acessado em 13/05/2024

https://blog.docket.com.br/inteligencia-artificial-no-agronegocio/, Inteligência artificial no agronegócio: 5 tendências para 2024, acessado em 13/05/2024

https://rehagro.com.br/blog/inteligencia-artificial-no-agronegocio/, A inteligência artificial (IA) já chegou no agronegócio, acessado em 13/05/2024

https://www.embrapa.br/busca-de-publicacoes/-/publicacao/924572/tecnologia-da-informacao-no-agronegocio, Tecnologia da informação no agronegócio, acessado em 13/05/2024

https://www.senior.com.br/blog/agronegocio-a-inteligencia-artificial-ia-no-agro, Agronegócio: a inteligência artificial no agro, acessado em 13/05/2024

https://revistapegn.globo.com/Startups/noticia/2021/06/investimento-nas-agtechs-startups-do-agronegocio-ultrapassa-us-160-milhoes-no-brasil.html, Investimento nas agtechs, as startups do agronegócio, ultrapassa US$ 160 milhões no Brasil, acessado em 13/05/2024

https://www1.folha.uol.com.br/mercado/2024/04/shein-e-shopee-faturaram-juntas-mais-de-r-35-bilhoes-no-brasil-em-2023-estima-btg.shtml, Shein e Shopee faturaram juntas mais de R$ 35 bilhões no Brasil em 2023, estima BTG, acessado em 13/05/2024

https://www.totvs.com/blog/gestao-varejista/varejo-4-0/, Quais as principais tecnologias presentes no varejo 4.0?, acessado em 13/05/2024

https://institutopropague.org/pagamentos/carta-varejo-inteligente-convertendo-informacoes-e-tecnologia-em-vendas/, Varejo inteligente: convertendo informações e tecnologia em vendas, acessado em 13/05/2024

https://weni.ai/blog/inteligencia-artificial-no-varejo/, Inteligência artificial no varejo: aplicações e tendências, acessado em 13/05/2024 https://inovativos.com.br/varejo-inteligente/, Já ouviu falar do varejo inteligente ou smart retail?, acessado em 13/05/2024

https://sebrae.com.br/sites/PortalSebrae/artigos/uso-da-tecnologia-vai-aquecer-o-varejo-em-2023,a2d85902a8517810VgnVCM1000001b00320aRCRD, Uso da tecnologia vai aquecer o varejo em 2023. A tecnologia terá papel fundamental no crescimento do varejo brasileiro em 2023, com destaque para ferramentas de gestão e soluções omnichannel, acessado em 13/05/2024

https://www.zendesk.com.br/blog/inteligencia-artificial-no-varejo/, Inteligência artificial no varejo: aplicações práticas e efetivas, acessado em 13/05/2024

https://stefanini.com/pt-br/insights/artigos/7-melhores-formas-de-aplicar-a-inteligencia-artificial-no-varejo, 7 melhores formas de aplicar a Inteligência Artificial no varejo, acessado em 13/05/2024

https://www.infomoney.com.br/especiais/ed01/com-a-digitalizacao-o-sistema-financeiro-do-futuro-comeca-a-ser-desenhado/, Com a digitalização, o sistema financeiro do futuro começa a ser desenhado, acessado em 13/05/2024

https://www.spglobal.com/_assets/documents/ratings/pt/pdf/2021-10-19-a-crescente-digitalizacao-do-sistema-financeiro-brasileiro-aumentara-a-eficiencia-e-intensificara-a-competicao.pdf, A crescente digitalização do sistema financeiro brasileiro aumentará a eficiência e intensificará a competição, acessado em 13/05/2024

https://nfe.io/blog/inteligencia-artificial-em-financas/inteligencia-artificial-no-setor-financeiro/, Inteligência artificial no setor financeiro: o que muda com essa tech?, acessado em 13/05/2024

https://epocanegocios.globo.com/colunas/coluna/2024/01/sistema-financeiro-nacional-instantaneo-conectado-e-inteligente.ghtml, Sistema financeiro nacional: instantâneo, conectado e inteligente, acessado em 13/05/2024

https://oespecialista.com.br/projetos-inovacao-sistema-financeiro-nacional/, 21 projetos de inovação do sistema financeiro nacional. Banco Central selecionou projetos de soluções inovadoras nas áreas de agronegócio, sustentabilidade, crédito e competitividade, acessado em 13/05/2024

https://cantarinobrasileiro.com.br/4-aplicacoes-praticas-do-machine-learning-no-setor-financeiro/, 4 aplicações práticas do *machine learning* no setor financeiro, acessado em 13/05/2024

https://g1.globo.com/pr/parana/especial-publicitario/fiep/sistema-fiep/noticia/2023/05/03/como-a-industria-tem-investido-em-automacao-e-inteligencia-artificial.ghtml, Como a indústria tem investido em automação e inteligência artificial, acessado em 13/05/2024

https://blog.culte.com.br/industria-4-0-no-brasil-entendendo-o-cenario-brasileiro/, Indústria 4.0 no Brasil: entendendo o cenário brasileiro, acessado em 13/05/2024

https://tractian.com/blog/o-impacto-da-inteligencia-artificial-na-industria-brasileira, Qual o impacto da inteligência artificial na indústria? Inteligência Artificial na indústria brasileira, acessado em 13/05/2024

https://vivomeunegocio.com.br/conteudos-gerais/inovar/iot-na-industria/, Mercado de IoT na Indústria está em ascensão e deve valer cerca de US$111 bilhões até 2025, acessado em 13/05/2024

https://blog.gs1br.org/inteligencia-artificial-nas-industrias/, Conheça 5 aplicações da inteligência artificial nas indústrias, acessado em 13/05/2024

https://www.defesaaereanaval.com.br/aviacao/o-futuro-da-iinteligencia-artificial-na-aviacao, O futuro da Inteligência Artificial na aviação, acessado em 13/05/2024 https://aeroin.net/forca-aerea-brasileira-aprimora-sistemas-de-inteligencia-de-dados-para-apoiar-tomadas-de-decisao/, Força Aérea Brasileira aprimora sistemas de inteligência de dados para apoiar tomadas de decisão, acessado em 13/05/2024

https://forbes.com.br/negocios/2019/09/startups-promovem-inteligencia-artificial-para-companhias-aereas/, Startups promovem inteligência artificial para companhias aéreas, acessado em 13/05/2024

https://revistapilotoribeirao.com.br/aeroportos-inteligentes-como-a-tecnologia-melhora-a-seguranca-e-a-gestao-da-aviacao/, Aeroportos Inteligentes: Como a tecnologia melhora a segurança e a gestão da aviação, acessado em 13/05/2024

https://www.portalintelectual.com.br/patentes-no-setor-aeroespacial-oportunidades-para-inteligencia-artificial/, Patentes no setor aeroespacial: oportunidades para Inteligência Artificial, acessado em 13/05/2024

https://www.unicesumar.edu.br/inteligencia-artificial-ia-e-a-tecnologia-que-busca-simular-a-inteligencia-humana-para-resolver-problemas-logicos-aliado-a-autonomia-de-decisao-o-assunto-vem-ganhando-cada-vez-mais-destaque-nas-mid/, Mercado de Inteligência Artificial (IA) cresce exponencialmente no Brasil, acessado em 13/05/2024

https://leadster.com.br/blog/mercado-inteligencia-artificial-no-brasil/, Panorama do Mercado de Inteligência Artificial no Brasil, acessado em 13/05/2024

https://weni.ai/blog/inteligencia-artificial-no-brasil/, Evolução e oportunidades da Inteligência artificial no Brasil, acessado em 13/05/2024

https://forbes.com.br/forbes-tech/2022/10/google-lista-os-desafios-da-inteligencia-artificial-no-brasil/, Google lista os desafios da inteligência artificial no Brasil, acessado em 13/05/2024 https://www.mckinsey.com/capabilities/quantumblack/our-insights/the-state-of-ai-in-2023-generative-ais-breakout-year/pt-BR, O estado da inteligência artificial em 2023: o ano do crescimento explosivo da IA Generativa, acessado em 13/05/2024

https://exame.com/bussola/inteligencia-artificial-e-a-educacao-veja-4-efeitos-da-tecnologia-no-futuro-do-ensino-no-brasil/, Inteligência artificial e a educação: veja 4 efeitos da tecnologia no futuro do ensino no Brasil, acessado em 13/05/2024

https://revistaeducacao.com.br/2021/06/04/tecnologias-inteligentes-educacao/, Tecnologia inteligente como aliada da educação no ensino híbrido, acessado em 13/05/2024

https://mittechreview.com.br/inteligencia-artificial-e-educacao-no-brasil-potencialidades-e-limitacoes/, Inteligência Artificial e Educação no Brasil: potencialidades e limitações, acessado em 13/05/2024

https://hed.pearson.com.br/blog/inteligencia-artificial-principais-aplicacoes-na-educacao, 5 aplicações da inteligência artificial na educação, acessado em 13/05/2024

https://www.questionpro.com/blog/pt-br/inteligencia-artificial-na-educacao-2/, Inteligência Artificial (IA) na educação: Impacto e Exemplos, acessado em 13/05/2024

https://fia.com.br/blog/inteligencia-artificial-na-educacao/,Inteligência artificial na educação: exemplos, impactos e oportunidades, acessado em 13/05/2024

https://inteligenciaartificialweb.com.br/inteligencia-artificial-na-educacao-beneficios-e-desafios/, Inteligência artificial na educação: benefícios e desafios, acessado em 13/05/2024

https://tutormundi.com/blog/inteligencia-artificial-na-educacao/, Vantagens e desvantagens da Inteligência Artificial na Educação, acessado em 13/05/2024

https://www.probesto.com/pt/principais-ferramentas-de-inteligencia-artificial-para-analisar-sentimentos/, Principais ferramentas de inteligência artificial para analisar sentimentos, acessado em 13/05/2024

https://www.ibm.com/br-pt/topics/sentiment-analysis, O que é análise de sentimento?, acessado em 13/05/2024

https://www.unite.ai/pt/um-guia-para-iniciantes-sobre-an%C3%A1lise-de-sentimento-em-2023/, Um guia para iniciantes sobre análise de sentimentos em 2023, acessado em 13/05/2024

https://www.datageeks.com.br/analise-de-sentimentos/, Análise de Sentimentos com Machine Learning, acessado em 13/05/2024

https://www.scielo.br/j/tla/a/WzWj4zQrgbxkLnx3fFRXMnz/, ANÁLISE MULTIMODAL: NOÇÕES E PROCEDIMENTOS FUNDAMENTAIS, acessado em 13/05/2024

https://ulbra-to.br/encoinfo/wp-content/uploads/2020/03/Gomes_et_al_2017_An%C3%A1lise_de_Sentimentos_-_Uma_Revis%C3%A3o_Sistem%C3%A1tica.pdf, Análise de Sentimentos: Uma Revisão Sistemática, acessado em 13/05/2024

https://aws.amazon.com/pt/what-is/sentiment-analysis/, O que é análise de sentimentos?, acessado em 13/05/2024

https://chat2desk.com.br/blog/analise-de-sentimento-como-a-inteligencia-artificial-desvenda-as-emocoes-do-mundo-digital/, Análise de Sentimento: Como a Inteligência Artificial Desvenda as Emoções do Mundo Digital, acessado em 13/05/2024 https://seer.ufrgs.br/index.php/renote/article/download/75112/42552/0, Análise de Sentimento pela ótica da abordagem multimodal, acessado em 13/05/2024

https://www.uol.com.br/tilt/noticias/redacao/2024/06/27/deteccao-de-alzheimer-e-ajuda-para-cego-ver-os-5-usos-mais-geniais-da-ia.htm, Detecção de Alzheimer e ajuda para cego 'ver': os 5 usos mais geniais da IA, acessado em 27/06/2024

https://www.previva.com.br/novosite/crise-aperta-na-saude-suplementar-e-operadoras-buscam-alternativas/, Crise aperta na saúde suplementar e operadoras buscam alternativas, acessado em 11/12/2023

https://www1.folha.uol.com.br/mercado/2023/11/perdas-com-fraudes-contra-planos-de-saude-chegam-a-r-34-bi-diz-novo-relatorio-do-setor.shtml, Perdas com fraudes contra planos de saúde chegam a R$ 34 bi, diz novo relatório do setor, acessado em 11/12/2023

https://www1.folha.uol.com.br/colunas/drauziovarella/2023/10/planos-de-saude-estao-num-beco-sem-saida-e-a-unica-opcao-e-a-prevencao.shtml, Planos de saúde estão num beco sem saída e a única opção é a prevenção, acessado em 11/12/2023

https://www.cnnbrasil.com.br/nacional/alunos-de-colegio-tradicional-do-rio-usam-ia-para-criar-imagens-intimas-de-meninas-policia-investiga/, Alunos de colégio tradicional do Rio usam IA para criar imagens íntimas de meninas; polícia investiga, acessado em 11/12/2023

https://www.uol.com.br/tilt/noticias/redacao/2024/06/27/smartwatch-das-vacas-mostra-que-ia-ja-muda-realidade-em-fazendas.htm, IA vira realidade em fazendas com 'smartwatch de vacas' e trator tipo Tesla, acessado em 27/06/2004 https://teletime.com.br/21/06/2024/vivo-usa-ia-generativa-como-copiloto-para-atendentes-em-call-centers/, Vivo usa IA generativa como 'copiloto' para atendentes em call centers, acessado em 26/06/2024

https://mercadoeconsumo.com.br/26/01/2023/sustentabilidade/brasil-e-o-10o-pais-que-mais-desperdica-alimentos-no-mundo/?cn-reloaded=1, Brasil é o 10º país que mais desperdiça alimentos no mundo, acessado em 11/12/2023

https://sensorweb.com.br/desperdicio-medicamentos-brasil/, O Cenário do Desperdício de Medicamentos no Brasil, acessado em 11/12/2023

https://g1.globo.com/jornal-da-globo/noticia/2023/04/18/exclusivo-relatorio-mostra-desperdicio-bilionario-de-insumos-no-ministerio-da-saude-desde-2019.ghtml, Exclusivo: relatório mostra desperdício bilionário de insumos no Ministério da Saúde desde 2019, acessado em 11/12/2023

https://gizmodo.uol.com.br/tcu-aponta-perdas-de-r-12-bilhao-com-vacinas-vencidas/, TCU aponta perdas de R$ 1,2 bilhão com vacinas vencidas, acessado em 11/12/2023

https://economia.uol.com.br/noticias/redacao/2024/06/14/agro-perde-bilhoes-com-falta-de-investimento-em-infraestrutura-e-logistica.htm, Agro perde bilhões com falta de investimento em infraestrutura e logística, acessado em 26/06/2024

https://www.cnnbrasil.com.br/economia/tecnologia-pode-aumentar-produtividade-na-industria-em-ate-58-revela-estudo/, Tecnologia pode aumentar produtividade na indústria em até 58%, revela estudo. Pesquisa foi realizada pela Atlas Intel em parceria com a startup Tractian, acessado em 11/12/2023

https://g1.globo.com/rj/rio-de-janeiro/noticia/2023/10/25/policia-prende-homem-que-aparece-em-video-incendiando-onibus-no-rio.ghtml, Milicianos ofereceram R$ 500 por cada ônibus queimado; PM prende mais um suspeito de incendiar veículos na Zona Oeste, acessado em 11/12/2023

https://g1.globo.com/jornal-nacional/noticia/2023/10/26/ataque-a-tiros-deixa-18-mortos-e-13-feridos-nos-estados-unidos.ghtml, Ataque a tiros deixa 18 mortos e 13 feridos nos Estados Unidos, acessado em 11/12/2023

Impressão e acabamento
Gráfica da Editora Ciência Moderna Ltda.
Tel: (21) 2201-6662